RÉFLEXIONS D'UN JEUNE HOMME.

Par M. le Chevalier DE FEUCHER.

PREMIERE PARTIE.

A LONDRES,

Et se vend à PARIS,

Chez ROYEZ, Libraire, Quai des Augustins.

M. DCC. LXXXVI.

RÉFLEXIONS
D'UN JEUNE HOMME.

J'ai cherché le bonheur. HELV.

MORTEL infortuné que le Ciel en courroux chargea du poids de l'existence, malheureux condamné à parcourir ce douloureux chemin, qui doit te rendre au néant d'où tu sors; envisage l'âpreté de ta carriere; vois de quelles épines, de quelles ronces elle est hérissée, devine son terme, & frémis de ce pénible voyage. Homme insensé! tu loues la nature de t'avoir arraché du néant où tout est insensible; mais sais-tu à quel prix elle te prête cette existence, cette ſenſibilité, dont s'enivre ton orgueil? Regarde tes ſemblables, vois ce qu'ils ſouffrent, compte les malheureux & cours avec joie dans ces champs d'amertume & de larmes, te mêler, ſi tu l'oſes, à la foule des victimes qu'y tourmentent des maux de toute eſpece. Sur la foi des apparences, tu te promets une moiſſon abondante de plaiſirs; un cercle éternel de jours heureux & paiſibles, une ſource intariſſable de volupté : bouillant des feux de l'âge & de l'imagination, tout reſpire à tes yeux la joie & le bonheur, tout ſemble créé pour toi ſeul, & fier de quelques prérogatives, tu dédaignes avec mépris ces animaux qui te paroiſſent des machines ingénieuſes, faites pour t'amuſer ſeulement, ou t'obéir. Pauvre inſenſé! que diras-tu, en apprenant qu'il n'en coûte pas plus à la nature pour produire un moucheron qu'un homme, & qu'elle étale au contraire avec plus de profuſion, ſes bontés, ſa puiſſance, dans ces éphémeres inſectes que tu foules arrogamment. Jalouse en apparence au moins de leur bonheur ; elle les a pourvus de tout ce qui peut les rendre heureux dans leur courte durée : besoins faciles, bornés, instinct sûr, moral sans prévoyance, armes pour se défendre, enveloppe capable de braver l'intempérie des saisons, changeante même avec elles ; tandis qu'elle t'abandonne, désarmé, nud sans force, à toute l'activité de l'air & des climats.

Vois ce superbe lion parcourir avec majesté les deserts brulants de Barca? Que d'agilité dans ses mouvemens, de force dans ses muscles, de finesse dans son nez, d'étendue dans ses yeux. Il n'a besoin ni d'alliés, ni d'esclaves pour subsister, seul il peut se suffire, & ne veut que des amis. Sa démarche noble, son port assuré, son regard terrible, sa force, son courage annoncent le maître de ces contrées, le roi des forêts. Tout tremble à son aspect, à sa voix seule ; toi-même, homme bouffi d'arrogance, qui n'ose l'attendre, & lui disputer sa royauté avec les seules armes de la nature. Il n'a point, sans doute, ta science frivole, tes arts funestes, ni tes armes scélérates, ressource déshonorante de la foiblesse & de la lâcheté: mais bon, généreux, reconnoissant, heureux sans tant de machines, il vit libre au sein de la nature, & n'a pour ennemis que les especes malfaisantes & toi.

Si donc nous ne considérons que cette vie terrestre, il est plus fortuné que nous: car lorsque l'on est heureux ce qui manque est inutile. Mais il l'est sans tous nos avantages. Qu'estimer donc ces instrumens, qui nous sont particuliers : la délicatesse des organes, le don de prévoir, la sensibilité de l'ame, la vivacité de l'imagination, la mémoire, triste aliment, foyer inépuisable de nos maux; si nous sommes plus à plaindre que les bêtes privées de ces prétendus biens; si par ces cruels avantages nous avons plus de moyens de saisir le malheur, de souffrir, s'ils ne sont que des liens qui nous attachent plus servilement à cette terre que nous devons quitter, & s'ils produisent nos plus vives douleurs? Rabaissés au simple instinct de la brute, bornés à ne vivre que sur cette terre, nous serions heureux comme elle, sans souci, sans prévoyance. Mais la nature veut ajouter, dis-tu, à notre bonheur? Et qu'y ajouter? Le moindre changement ne lui est-il pas funeste? C'est le détruire, que de vouloir l'augmenter; & c'est le sort de l'homme ici-bas. Ne te crois donc pas sous ce point de vue, l'objet chéri des complaisances de la nature, son fils bien-aimé : de tous ses présents menteurs la moitié est inutile, l'autre dangereuse; & presque tous sont des épreuves. Les bêtes n'ayant qu'une vie, elle doit la leur rendre la plus douce possible; tous ses bienfaits sont réservés pour nous dans l'avenir. Ne t'étonne donc plus d'être plus malheureux ici-bas que la brute, mais ſonge au bonheur qui t'attend.

A voir les préparatifs, les pénibles efforts, le tems qu'il en coûte à la nature pour nous arracher du néant, on attend un Être fort majeſtueux, ſublime, digne d'elle...... C'eſt un monſtrueux amas d'organes imparfaits, de membres informes, & ſans force, un vil monceau de chair tout ſouillé encore de la fange dont il s'eſt repu. Plus humilié à ſa naiſſance que le plus vil animal, l'homme eſt dans un abandon, une foibleſſe, une impuiſſance ſi grande, qu'il faut les ſoins les plus longs, les plus conſtans, pour l'empêcher de périr & l'élever. Le petit poulet ſortant de ſa coque ſuit ſa mere, le daim bondit ſur le gazon en courant après la mammelle qu'il ſuce; le poiſſon n'a point d'enfance, l'homme ſeul ne peut vivre ſans ſecours. Et l'inſenſé s'érige en maître, en roi du monde, tandis que, dès ſon aurore, il n'annonce que foibleſſe & que malheur.

Auſſi commence - t - il ſa carriere dans les cris, dans les larmes, comme s'il n'y entroit qu'à regret, & qu'il prévit déjà les tourmens qui l'y attendent, & que le premier eſſai l'en eût dégoûté. Sa premiere ſenſation eſt pénible, ſon premier ſoupir eſt un cri ; à peine ſes poumons s'ouvrent, qu'il reſpire l'air & la douleur, & juſqu'à ſon entier développement, il eſt en péril & ſouffre. De tout ce qui reſpire, lui ſeul, dans une vie auſſi courte, a l'enfance ſi longue, ſi cruelle, & la nature n'offre ſans doute ces comparaiſons humiliantes, que pour rabaiſſer notre orgueil, & nous prouver que notre ſeul bonheur ne l'occupe pas. Notre vanité le nie en vain, nos plaintes & notre déſeſpoir plus vrai le prouvent à chaque inſtant.

Du ſein d'une mere relégués dans un vil berceau, nous y languiſſons long-tems, ſans force, ſans inſtinct, déchirés par les plus vives douleurs ; par des ſouffrances ſans nombre ; tout, jusqu'à nos dents, nous coûte des maux inouis; & la nature ne les proportionne à nos forces que de crainte, sans doute, de perdre un ouvrage sur lequel elle a de grands desseins. Mais notre sort n'en est pas plus heureux, car elle n'accroît, elle ne fortifie notre corps qu'au prix des plus vives tortures; & c'est des alimens même dont nous nous nourissons, qu'elle fait naître les plus vives, les plus insupportables. Quel sort! qu'à cet âge l'homme paroît méprisable. Dénué même de l'instinct de la brute, il ne fait que pleurer & se plaindre; nulle étincelle encore de la raison, & peut-être est-ce un bonheur. Tant qu'il ignore son ame, tous ses besoins, ses plaisirs, se bornent à ceux du corps. Heureux quand il ne souffre pas, un rien l'égaie, fait son bonheur: le bruit d'un tambour, d'un grelot, la voix rauque de sa nourrice suffit à sa curiosité, tout est neuf, beau pour lui; sans desir, il est sans peine, & tout lui est jouissance. Alors, ſans doute, il eut trouvé quelque moment de repos, de bonheur; ſi l'homme, fléau cruel de ſes ſemblables, & ſouvent de lui même, ne ſuccédoit à la nature pour le tourmenter.

Que de maux nous ajoutons à ceux qui ſont inſéparables de notre condition? Combien nous empirons notre ſort? C'eſt peut-être à nous, à nos vices, à nos funeſtes préjugés que nous devons nos plus ſanglantes douleurs. Je l'avoue, mais ſeroit-ce un crime que de ſouhaiter alors l'impuiſſance de nous rendre plus malheureux, rare privilege des animaux. Rien ne ſe fait maintenant ſelon l'ordre éternel. Ce n'eſt plus pour tranſmettre le dépôt de la vie, pour donner des hommes à ſa patrie, pour faire des citoyens, qu'on eſt pere. Le vil plaiſir du corps, cet inſtinct des bêtes de ſomme, ce chatouillement phyſique eſt tout ce que l'on cherche, en trompant les vues de la nature; car ſi par malheur quelque fruit importun vient à naître, on en gémit, on l'éloigne, on le donne, en murmurant, à des femmes inconnues, chagrin de ce qu'il va coûter. Jugez ce que deviennent ces pauvres créatures, confiées à des meres déjà marâtres de leurs enfans, à des mains mercenaires, qui les ſoignent preſque toujours mal, & les délaiſſent dans leurs ſouffrances? Nul ne ſourit autour du berceau de ces infortunés; & ſi par fois les élans de la douleur leur arrachent des cris, on les menace, on les effraie, on les frappe même s'ils continuent à ſe plaindre; & cependant à combien de ſouffrances n'eſt-on pas expoſé à cet âge? Entiérement abandonnés à la nonchalance de ces meres de louage, en proie à leurs caprices, victime ſouvent de l'intempérie de leurs paſſions, on porte quelquefois juſqu'au tombeau l'effet de leurs mauvais ſoins. Ainſi ſe paſſe la premiere enfance. Eh! vous oſez, pere barbare, mere ſans entrailles, parens injuſtes, vous plaindre de la froideur de vos enfans, tandis que l'indifférence eſt le premier, l'unique peut-être, ſentiment que vous leur avez témoigné! Vous les avez rejettés loin de vous, vous êtes devenus leurs bourreaux, & vous voulez qu'ils vous aiment. Nature tu es vengée, ils vous rendent juſtice.

Quel début! & quand ce premier âge ne ſeroit pas auſſi ſouffrant, n'eſt-il pas encore affreux de voir dans le court eſpace de la vie, tant d'années inutiles pour le bonheur? Mais ne croyez pas que le ſort barbare attende l'inſtant de force, de maturité, pour tourmenter. Dès-que nous pouvons ſentir des peines étrangeres, il nous aſſiege de malheurs. Voyez ces débiles créatures, ces malheureux à peine arrachés du néant, déjà verſer des larmes ameres, s'élancer vers celle dont ils ſucerent le lait & l'amitié, ſe débattre, ſe déſeſpérer ſous la main qui les en ſépare, & ſe croire perdus loin d'elle. Les yeux fixés ſur le ſein bienfaiſant qui les a nourris, les bras tendus, ils l'appellent à grands cris, leurs sanglots meurent suffoqués dans leur poitrine, ils étouffent & tombent en répétant maman, maman! Voilà le premier effet de cette ame la plus noble partie de nous-mêmes, de cette triste faculté qui nous éleve audessus des bêtes, & ne montre jamais plus de force & d'activité que dans la douleur. Hélas! tant d'avantages ne seroient-ils que des présens funestes destinés à nous rendre plus malheureux? Sans donte, ils le seroient s'il n'étoit point d'avenir. Privés de la douce sécurité dans laquelle vivent tous les animaux, nos jours sont presque toujours noircis d'orages & de chagrins. Nous souffrons ou par la crainte des maux, ou par les maux eux-mêmes, & toute notre capacité ne sert souvent qu'à nous tourmenter davantage. Et je m'en féliciterois! Je me louerois d'une raison inhabile souvent à prévenir le crime & le désespoir du foible, d'une raiſon qui ne ſert qu'à nous déchirer ; & que le Ciel n'accorde qu'à nous ? Qui ne s'écrieroit ſans l'eſpoir d'un avenir ? Dieu juſte, entends la plainte de l'homme, anéantis, reprends cette fatale raiſon, ſource de nos douleurs les plus aigues, en vain l'orgueil murmure, que c'eſt le ſceau de ma grandeur, le principe de ma force, la cauſe de ma royauté ! Que m'importe le vain trône de la nature ſi j'y ſuis malheureux. C'eſt le bonheur que je veux : & ſi la brute a moins de ſouffrances, c'eſt ſa place que j'envie.

Du ſein maternel confié à des pédans durs & ſombres, l'enfant paſſe tout-à-coup des délices & de la liberté d'une vie charmante à l'eſclavage d'un college. A peine a-t-il bu dans la coupe du bonheur, qu'elle lui eſt arrachée. Il commençoit à s'habituer à ſon nouvel état, il oublioit ſa nourrice ; la plaie ſe cicatriſoit, elle ſe rouvre à de nouveaux malheurs déſormais ſans relâche. Loin de ſes parens, de ſes amis, de tous ceux qu'il connoît ; il se trouve seul, isolé parmi de jeunes malheureux qui lui sont étrangers, qu'il craint & dont la pétulante curiosité ne fait que l'intimider davantage. Autour de lui tout annonce la contrainte & la peine. Des férules, des verroux, des livres, des visages séveres, tristes augures d'un esclavage pénible, & garants trop certains qu'il n'est plus de bonheur. Ce ne sont plus les fêtes, les plaisirs, l'aisance de ses premiers jours; ils le pressent, il en gémit. Bientôt chacun l'entoure, le regarde, le questionne : pâle, tremblant, incertain, il n'ose fuir, il pleurt, & pour la seconde fois il connoît l'amertume de la vie. Mais que devient-il, lorsqu'entassé dans ces sombres cachots, qu'on nomme classes, il entend les cris d'un malheureux qu'on frappe, comme une vile bête de somme, pour quelques solécismes, ou pour une frivole espiéglerie. Bourreau, que prétends-tu ? Elever l'ame, développer la raison, former un citoyen, un soldat intrépide, capable de faire son devoir au péril de la vie. Vil esclave! c'est un lâche que tu fais, qui bientôt, peut être, fera retomber sur toi-même l'effet d'une mauvaise éducation. Homme de routine, est-ce en avilissant l'enfance, en lui faisant craindre la douleur, qu'on la prépare aux pénibles combats de la vertu, de la bravoure, au dévouement pour la patrie, à ces actions héroïques qui semblent au-dessus de l'humanité. Alexandre, César, Brutus, Caton, cette foule d'hommes étonnans que nous offre l'antiquité, furent-ils élevés ainsi? Eh, toi Sully le digne ami de Henri IV, du plus grand des Rois, du meilleur des hommes, dis, est-ce par ces traitemens indignes qu'on t'a formé cette ame douce compatissante, sublime, qui ne craignoit que de mal-faire? Est-ce en te dégradant, dès ton enfance, en t'avilissant que l'on te donna la force de cultiver la vertu au mépris du plaisir, au péril de ta vie, de ton bonheur? La lâcheté fît-elle jamais de héros?

Il faut être bien méprisable soi-même, ou bien stupide, pour ne pas voir jusqu'où peut aller le mauvais effet des châtimens corporels. Les bêtes elles-mêmes, celles dont l'instinct se raproche le plus de notre entendement, s'en indignent. Le chien, si doux, si respectueux pour son maître, a-t-il fait quelque faute, triste, tremblant, l'œil confus, il n'ose approcher, il gémit; tout marque son embarras, ses regrets; confus à la voix qui l'appelle, il balance, il craint; il hazarde quelques pas, il s'arrête; est-il encore appellé, les pattes timidement étendues, le ventre contre terre, il rampe, s'humilie, lèche la main qu'il sert & demande grace. Surprend-il alors quelque regard de pitié, tout-à-coup il saute, jappe, court, revient, & semble enivré de joie; mais si quelques coups injustes échappent à son maître, soumis à la main qui le frappe, il n'ose sans doute se ſe révolter ; mais on apperçoit dans ſon reſpect, dans ſa douloureuſe patience, les marques même de ſon indignation.

Corrige-t-on l'ame avec des coups ; on l'intimide, on la rend lâche, & c'eſt le fouet, les férules, toutes ces viles punitions de college, qui peuplent l'univers d'hommes puſillanimes, faux, & ſans vertus. D'ailleurs, à cet âge où le corps prend ſon accroiſſement, où pour ſe fortifier, les membres ont beſoin d'un continuel exercice ; n'eſt-il pas barbare, & contre la nature, de renfermer preſque toute la journée de foibles créatures attachées ſur des livres, que des hommes peuvent à peine ſupporter quelques heures de ſuite. Eh ! l'on s'étonne que des hommes élevés ainſi ſans mouvement, dans un air corrompu, chargé preſque toujours d'exhalaiſons mal-ſaines, ſoient peu robuſtes, & ne nous retracent plus ces belles proportions des anciens. Mais voyez combien ces premiers habitans de la terre faifoient exercer la jeuneffe, & l'élevoient dans un mouvement, dans un travail continuel, & toujours en plein air? Combien ils lui fourniffoient de moyens, d'occafions d'employer, d'augmenter fa force? Les loix, la pompe des états affemblés, l'exemple, l'encouragement des plus auguftes citoyens, la gloire immortelle d'un vainqueur, tout portoit à l'activité. Que de jeux tous faits pour la fomenter. Le faut, le difque, la courfe, la lutte, le pugilat. Eh! ne croyez pas que ce fut pour le vain plaifir des yeux que le peuple le plus fage de la terre, célébroit avec un fi grand concours & tant de magnificence; ces jeux fi renommés, rendant la fimple branche de lauriers, dont on couronnoit le vainqueur, la plus précieufe, la plus honorable des récompenfes. Ils favoient qu'ils formoient par là des hommes adroits, vigoureux, des foldats aguerris, capables de braver les fatigues d'un camp, l'intempérie des ſaiſons, des héros enfin en état de vaincre, & de mourir avec joie pour leur cher pays. Auſſi, la patrie étoit-elle attaquée, elle trouvoit de braves défenſeurs toujours prêts. Elle n'avoit qu'à dire, je ſuis en danger, & 300 Spartiates s'élançoient avec intrépidité contre une nuée de barbares. Sans intérêt, ſans récompenſe, ſans nul autre eſpoir, on couroit la défendre, & l'on mouroit avec joie en la ſervant.

Croyez-vous que vos foibles petits maîtres, élevés dans un college, nouris dans la molleſſe, en ſoient capables; ſuivroient-ils Alexandre au bout du monde? Iroient-ils ſous Annibal attaquer Rome, cette Rome, dont l'antique image nous remplit encore d'admiration pour ſes habitans? Accompagneroient-ils Scipion ſans joncher tous les chemins de leurs cadavres, s'ils s'en trouvoient d'aſſez hardis pour l'entreprendre? Dans ces temps groſſiers on n'avoit point, il eſt vrai, de Docteur de ſept ans.

Socrate en mourant, avouoit qu'il ne ſavoit rien encore. Cependant c'eſt dans ces premiers ſiecles que les arts, les ſciences, fleurirent avec le plus de gloire. Les débris épargnés par le tems, font encore le déſeſpoir de nos plus habiles artiſtes, de nos ſavants, qui ne pouvant les égaler, cherchent au moins à les imiter. Les Muſes n'eurent jamais de favoris plus chers, l'eſprit humain plus près de la nature, en avoit toute la pureté, & trouvoit en elle le vrai principe du beau, dont nous nous faiſons une ſi fauſſe image.

Pourquoi donc contrariant la nature & l'exemple des anciens, nous obſtiner à priver les enfans de mouvemens & de liberté? Livrons-les à l'impétuoſité de leur âge, qu'ils folâtrent toute la journée ſur le gazon; que l'hiver ils attaquent l'ennemi à coup de neige, qu'ils s'aguerriſſent, qu'ils s'endurciſſent ainſi qu'un de nos plus grands Généraux, à toutes les températures, même aux bleſſures peu dangereuſes à cet âge. Qu'ils apprennent, ſans riſque alors, à ſe défendre, à combattre, à terraſſer le vainqueur prêt à monter ſur la breche. C'eſt le vrai tems de la joie & de l'éducation corporelle, ſans ſoucis, ſans inquiétude, libre des vains préjugés qui regnent ſur la terre, dans ces tems heureux, on ne ſent pas encore la longueur inſupportable du jour; chaque heure s'écoule comme un doux enchantement, tout eſt une ſource de plaiſir; & pour être heureux il ſuffit d'être libre. Délivrons donc les enfans de cet inutile & pernicieux eſclavage; qu'ils ſoient libres, que les pleurs ne flétriſſent point encore les roſes virginales de leurs joues, que l'ennui en reſpecte l'éclat, & que le ſort, s'il ſe peut, ſoit trompé ſur les maux dont il les menaçoit par nos cruelles inſtitutions.

Mais à quel âge me dira-t-on, voulez-vous leur montrer le latin & les ſciences? A quel âge? quand ils feront en état de les entendre, de réfléchir, d'en profiter; & non d'entaſſer ſeulement dans leur tête de vains mots, dont ils méconnoiſſent la valeur. Rarement ces eſprits ſi précoces, ces talens prématurés, ſont ils bons à quelque choſe dans l'âge mûr. Et la ſcience eſt-elle enfin ſi néceſſaire au bonheur, qu'il faille ſacrifier à ſon acquiſition, le tems le plus ſerein, le plus heureux de la vie ? Tandis que l'on ignore ſi l'on pourra jamais recueillir le fruit de ce téméraire ſacrifice. Jouis de l'heure préſente, nous crie ſans ceſſe la voix de la nature, demain peut-être tu ne feras plus : & s'il nous faut réellement contrarier cette voix, c'eſt une bien grande preuve de notre malheur, de la dureté de notre condition. S'il faut riſquer le préſent, la jeuneſſe les deux tiers de la vie, pour cet âge où l'homme miné ſourdement, n'a plus qu'une étincelle de vie, de chaleur, de ſenſibilité; pour ce tems où l'affaiſſement des organes, la perte de la plupart des ſens, les fréquentes attaques de la mort, nous rendent incapables du bonheur, où ſont les douceurs, les plaiſirs de l'exiſtence? Quel bien peut nous dédommager de la perte de notre printems? Eh! quels ſont tes bienfaits, prévoyance trompeuſe, s'il nous faut toujours acheter la félicité au prix du préſent; s'il faut ſouvent ſe refuſer aux plaiſirs pour n'être pas malheureux? La vie eſt ſi courte, pourquoi n'en pas mettre à profit tous les momens? Pourquoi s'expoſer au déſeſpoir de mourir ſans avoir goûté le bonheur, au regret affreux de tomber dans le tombeau encore mouillé des larmes verſées toute ſa vie? L'étude n'eſt faite ſans doute que pour le bonheur de l'humanité; mais nous ne ſavons jamais nous tenir dans les bornes, & tournons preſque toujours, à notre perte, les inſtrumens qui nous étoient donnés pour notre félicité. Et voilà comme le ſort élude toujours l'effet des faveurs qu'il nous accorde, & qui sembloient nous promettre tant d'avantages.

Car tant que nous sommes réduits, comme les animaux, au simple instinct, nous avons peu de souffrances. Innocente encore, l'ame n'est point rongée par le venin des passions, par le sentiment de l'injustice, par la vue de cette foule innombrable d'infortunés, dont les cris inutiles se perdent dans les airs. Le spectacle de la vertu humiliée, sans appui, du crime triomphant, n'excite pas son indignation; les vils préjugés n'alterent point encore sa pureté primitive. Nulle jalousie, nul sentiment haineux ne trouble son repos. Elle s'épanouit au contraire, à la premiere atteinte du sentiment, comme une fleur sous les baisers du Zéphir. Elle regarde l'amitié comme la précieuse chaîne de l'humanité. C'est en effet le premier sentiment, la premiere passion, le seul besoin qui se fasse toujours sentir. C'est le dernier qui s'éteint dans l'homme. L'âge rompt toutes

toutes les affections, les extrémités ſe gelent, deviennent inſenſibles, ſe meurent; mais l'amitié ſe retire au fond du cœur, & tant qu'il y reſte quelque étincelle de vie, elle l'anime & le rend heureux. Faut-il qu'elle ſoit ſi ſouvent fauſſe & perfide? L'ame novice l'ignore, elle s'y livre avec enthouſiaſme, & prenant ſa pureté pour modele de tous les attachemens humains, elle les croit toujours ſinceres & parfaits. Cette unique & premiere effervescence a, je l'avoue, quelque choſe de délicieux, c'eſt le rêve du bonheur. Mais que le reveil eſt affreux! Que la premiere injuſtice eſt cruelle, & qu'après ce ſonge enchanteur, il eſt affreux, déchirant, de connoître les hommes tels qu'ils ſont en effet! On revient difficilement de ſon erreur, & ce n'eſt qu'après en avoir été bien des fois la victime, qu'on s'écrie enfin tout en larmes, je me trompois.

Cette honorable erreur, ſi cruelle dans la ſuite, nous fait croire d'abord, que la nature nous a préparés dans nos parens, des amis sûrs, des cœurs faits pour nous aimer, en voulant nous épargner les longues, les inquiétes épreuves par lesquelles l'amitié se fonde, se prouve. Quinze ans de soins & de bienfaits en devoient être garants, la reconnoissance nous eût conduit insensiblement à l'amitié; & sans doute il eut été bien doux de trouver dans le sein d'un pere un bienfaiteur, un ami, un guide précieux, dont l'expérience nous eût sauvé de mille écueils. Mais les cruels prennent le soin, dès l'enfance, de nous désabuser de cet espoir qu'on n'étouffe jamais bien; & cette pente, au lieu de faire notre bonheur, n'est plus que la source de nos regrets & de nos larmes. Quel plus doux emploi cependant pouvoit succéder à l'autorité paternelle, que celui de conducteur, d'ami, de confident de son fils! Quelle main seroit plus propre à diriger cette jeune plante, que celle qui l'a fait naître! L'orgueil eût-il osé murmurer contre la douceur d'une telle éducation? Quel sacrifice, quel combat, quelle privation eussent paru pénibles sous un tel chef? Attendris jusqu'aux larmes, on eût adoré, béni le vénérable vieillard, qui, non content d'avoir consacré sa vie à soigner notre enfance, daignoit encore être notre compagnon, notre guide dans le dangereux labyrinthe du monde. Son front honoré de cheveux blancs, nous eût garanti la vérité de ses conseils; ses moindres paroles eussent été des oracles, & trop émus pour parler, nous précipitant dans ses bras, nous eussions confondu la voix de la nature & de la reconnoissance. Image trop vaine d'un bonheur qui n'exista jamais, fuyez, fuyez, & n'ajoutez pas le désespoir de votre perte à mes autres souffrances.

Mais au lieu d'être élevés, guidés par des mains sensibles, éclairés, avilis sous le despotisme cruel de pédans sans pitié; l'aurore de la vie s'uſe dans l'ennui de l'étude & dans une contrainte pénible. C'eſt la saiſon des châtimens & de l'eſclavage; & loin de jouir du bonheur qu'offre l'inſouciance de cet âge riant, on le paſſe dans l'amertume. Le ſommeil, les repas, le travail, les plaiſirs, & quels plaiſirs! tout eſt ſoumis à des regles gênantes, on ne peut être heureux ſans permiſſion. C'eſt dans le moment où l'ame s'occupe, s'amuſe de tout, où les ſens neufs encore trouvent ſi facilement le plaiſir, où tout offre la joie & le contentement; c'eſt dans ces momens uniques & ſi courts, que l'homme commence à ſouffrir, à verſer des pleurs. Jugez du reſte de la carriere, où tout s'accorde à le tourmenter de tant de manieres.

Sortant de l'eſclavage, tout paroît beau dans le monde, le tumulte enivre, on ſe croit heureux. Le premier coup d'œil, n'effleurant que la ſurface de tant d'objets nouveaux, eſt toujours flatteur, ſéduiſant. La diverſité du ſpectacle, ſa mobilité ſemble tenir de la féerie, & tant que la roſe n'eſt point effeuillée elle eſt belle. Des femmes, des fêtes, des jeux, des équipages, ſont le premier eſſai de ſa liberté : que de ſujets d'enthouſiaſme! Quelle jeune tête ne tourneroit à ces bals, où la beauté, ſous l'habit des Graces, parée de tous ſes charmes, loin d'une repouſſante ſévérité, ne s'occupe qu'à plaire, qu'à développer par de ſavantes, & furtives agaceries, le germe d'une paſſion terrible en ſon eſſor? Dans ces ſpectacles où tout retentit des louanges de la volupté, dans ces orgies, où la liberté ſemble tout promettre, où l'amour ſeul regne, & d'accord avec le plaiſir, paroît ne promettre qu'ivreſſe& bonheur. Avec quelle languiſſante molleſſe la blonde Eucharis s'avance! Que d'attraits! Qu'elle eſt belle! C'eſt Vénus! Jeune Homme, qu'as-tu? Quelle ardeur dans tes yeux! tu ſoupires, tu trembles, tu ne peux reſter en place, ton ſang bouillonne, & porte à ton cœur des desirs brûlants, mais inconnus. La Nature enfin est la plus forte; sage mentor, tes conseils ne sont plus de saison, & toutes les eaux de la mer ne pourroient éteindre les feux dont ton Eleve est embrasé. Quelle est donc cette passion terrible, inconcevable, universelle? Ce feu plus actif, plus dévorant mille fois que l'élément qui nous entoure, & qui porte le même nom? Cet amour invincible, dont les faveurs ne sont que larmes, souffrances, tourmens de toute espece? Venez, ames sensibles, qui le regardez comme le souverain bien; venez en examiner de sang froid la véridique peinture, & puis expliquez-nous comment il vous rend heureuses au milieu des douleurs. Il le fait, dites-vous, c'est prouvé. Oui, sans doute, il le fait, mais par des illusions: & voilà comme tout notre bonheur n'est que chimere, tandis que nos maux sont réels, & s'attachent trop fortement à notre substance pour en pouvoir douter.

Amour, pardonne, si, dévoilant tes

mysteres, j'ose dessiller les yeux des infortunés que tu trompes! Pardonne, j'ai moi-même autrefois fléchi le genou devant ton idole! Je garde encore la cicatrice des fers que j'ai porté; le tems, ni la raison n'ont pu l'effacer; mais enfin je ne te regarde plus comme le chemin de la félicité.

Combien de sentimens opposés partagent, déchirent l'ame innocente & timide qui commence à aimer! Avant même que de rencontrer l'objet qu'il doit captiver, déjà il tourmente. Une vague & pesante inquiétude, une langueur, un ennui insupportable, rend tout insipide, & semblables aux symptomes qui précédent toujours les maladies violentes, semblent annoncer la nature & la force de la passion qui s'éleve. Loin de rechercher le monde alors, de se plaire dans son tumulte, on hait, on fuit les fêtes, on s'enfonce dans la solitude, on desire, on souffre, on se plaint, des larmes involontaires s'échappent, on ne ſait ce qu'on veut, & pourtant l'on ſent qu'il manque quelque choſe; le ſang trop actif s'aigrit, l'humeur change, tout jette dans le dégoût, dans l'impatience. Rien ne touche, la compatiſſante amitié, trop calme alors, ne reçoit plus d'épanchement, & les maux s'en augmentent. Mais à peine a-t-on rencontré celle qui nous eſt deſtinée, que le feu circule dans les veines, & que les maux changent de nature.

L'amour néanmoins n'eſt pas toujours un feu brûlant qui dévore à la premiere vue. Souvent on voit longtems, & ſans émotion apparente, celle qu'on doit aimer toute ſa vie; on lui parle, on la quitte, on la revoit avec une eſpece d'indifférence. Rien encore n'annonce l'amour : les progrès ſont lents, mais ils n'en ſont que plus forts, plus éternels. Chaque trait a le tems de ſe graver dans le cœur, d'y faire de profondes bleſſures; & bientôt on ne les voit réunis que ſous l'image de la perfection. C'eſt alors que l'illuſion eſt à ſon comble ; que l'idée de ce qu'on aime, le ſon de ſes pas, ſa voix ſeule fait treſſaillir. C'eſt une Divinité terrible que l'on n'aborde qu'en tremblant, dont on ne peut ſoutenir les regards, à qui l'on n'oſe révéler le ſecret de ſon cœur, & l'on ſe croit heureux. Déplorable viſionnaire ! & d'où viennent donc ta pâleur, ton effroi, tes ſoupirs, tes larmes même à l'aſpect de ta maîtreſſe ? Pourquoi, loin de voler à ſes pieds, n'oſes-tu la regarder ? Qui t'arrête, ſuis les vœux de ton cœur, cours lui déclarer le feu qui te dévore, & t'enivrer dans ſes bras d'amour & de plaiſirs. . . . . Vil eſclave, tu frémis de la hardieſſe de mes conſeils, tu crains que ton impérieuſe Divinité ne s'en offenſe, ne t'en puniſſe, & tu vantes la douceur de ſon empire, le bonheur de tes fers ! Et tout en toi, ta triſteſſe, tes plaintes, ton déſeſpoir, tout juſqu'au dépériſſement de ta ſanté, dément ce mensonge grossier. Il n'est point de moment où tu ne gémisses de quelques peines, où tu ne murmures ; & toujours tu esperes le bonheur.

O folle ivresse de l'amour, que tu ressembles bien au délire de la fievre ! La bouche écumante, le front pâle, hérissé, l'œil brûlant de colere, la main armée, prêt à fondre sur l'imprudent qui s'approche de sa maîtresse ; l'amant est toujours ou dans les transports aveugles de la fureur, ou dans la vile bassesse de l'abattement. Jamais il ne garde un juste milieu : il jette ou des cris d'ivresse, ou les hurlemens du désespoir. Plus on aime, plus on souffre, plus on se tourmente. On craint tout ce qui peut arriver, l'impossible même ; le moindre changement désespere, rien ne semble plus à sa place, l'univers est bouleversé, tout va périr. Tout est deuil & chagrin alors, les plus beaux jours n'ont plus rien qui flatte ; insensible aux plus douces jouissances, la joie des autres importune ; en vain tout concourroit à notre bonheur, on ne ſent plus ce que l'on a, une ſeule privation efface, rend inutiles toutes les faveurs de la fortune, & fanatique bourreau de ſoi-même, ou ſuffiroit pour faire ſon malheur. Triſtes eſclaves de ce Dieu, me vanterez-vous donc à ce prix vos courts, vos inquiets momens de plaiſirs? Quel homme voudroit les acheter auſſi cher; & vous-même, ſi vous n'étiez dans le délire, en feriez-vous tentés?

Amour! feu ſacré! cauſe immortelle de toutes nos actions, voilà donc le bonheur que tu procures? Dans l'abſence c'eſt pis encore: & quel mortel privilégié peut cependant ſe flatter de paſſer toute ſa vie, ſans obſtacle, aux pieds de ſon amante! Ah! ſi les pleurs que l'on verſe dans le ſein qu'on adore, ont quelque amertume, que ne font pas celles qu'arrache le déſeſpoir loin d'un tel conſolateur? Quelle ſouffrance, c'eſt l'ame qui ſaigne, & la mort peut-être, la mort n'a point d'angoisses pareilles. Et dans l'amour le plus heureux enfin, les plaisirs sont-ils purs & sans mélange? Amans trop à plaindre, que sert de vous interroger quand tout vous a trahi? Surchargés des peines secretes d'une premiere rupture, d'une légere tracasserie, de la moindre froideur, du plus foible nuage, vous repandiez avec amertume vos peines, vos frayeurs, vos larmes, dans le sein de l'amitié, sans relâche occupée à vous consoler, à ranimer votre courage, à guérir les coups empoisonnés de l'amour. Il n'étoit pas de momens où vous ne souffriez, ou ne desiriez. Bientôt venoit la jalousie, monstre infernal, qui de son venin corrosif, infectoit tout à vos yeux. Plus de plaisir, plus de repos alors. Tout ce qui dans un autre moment eût fait votre bonheur, vous déchire, vous désespere. L'amour changé en rage, ne respire plus que sang, que meurtre, que vengeance. La moindre action équivoque, les paroles les moins suspectes, le silence même fomente des soupçons sans appui, & qui ne sont que plus dangereux. Quelle secrete inquiétude agite, dévore ce malheureux? Comme il erre çà & là, son œil étincelant interroge avec effroi tout ce qui l'entoure; son front se ride, sa bouche écumante, défigurée, murmure de sourdes imprécations, la terreur est peinte dans tous ses mouvemens; ses farouches regards menacent & le Ciel & la terre; furieux hors de lui, il marche à grands pas, il s'arrête, il se frappe la poitrine; tremblant d'une agitation convulsive, agité de mille idées contraires, il respire à peine, il ne sait que resoudre; il sue, il se dépite, il succombe à l'excès de sa fureur. Quel état! Quel enfer! & jusques dans les bras de sa maîtresse, ce trouble effrayant l'accompagne. Insensé! tu n'es pas heureux, & tu vois ton amante! Amour, quand rends-tu donc heureux?

Ames aimantes, n'y voyez pas qu'un vil détracteur de l'Amour ; Dieu ne plaise à décrier son empire, ni que pour l'écraser sous ses Temples renversés d'une main mensongere, j'en fasse à plaisir une fausse peinture : c'est vous que j'atteste ; aima-t-on jamais bien sans jalousie ? Et ce dernier sentiment n'arrache-t-il pas plus de larmes, ne cause-t-il pas plus d'effroi, de douleurs, de maux, que l'Amour de momens agréables ?

Prestige du premier âge ! Fougueuse chaleur des sens, que l'amour est peu de chose sans vous ! Quand votre ivresse ne le rend pas invincible, qu'il est peu séduisant, peu dangereux, & qu'une raison froide & saine l'a bientôt dépouillé du plumage brillant dont le pare l'imagination ! En vain tu m'étales tes trompeuses promesses, Amour, Amour, j'en connois trop la fausseté. Que de malheureux elles ont perdu ! Que d'hommes vertueux, faits pour être un jour sans toi des citoyens utiles & respectables elles ont traînés ſur l'échafaud. Fureur d'un indomptable amour, combien de fois armant la main du forcené qui t'écoute, tu l'as rendu coupable des crimes les plus atroces. Combien de fois le barbare, inſenſible aux charmes de ſon amante, a-t-il plongé le poignard dans ſon ſein au moment même que pâle, échevelée toute en larmes, elle embraſſoit ſes genoux, lui demandant la vie pour toute grace? Que de monſtres j'ai vu frapper, égorger celle qu'ils ne pouvoient attendrir; ou comme Radamiſte, plonger dans les eaux écumantes du Pont une épouſe qu'ils aimoient mieux morte que dans les bras d'un autre. Qui ſait où peut s'arrêter l'égarement, la frénéſie, la rage de celui qui perd ſa maîtreſſe: fer, poiſon, meurtre, la nature elle-même n'eſt plus reſpectée, & peut-être n'y a-t-il pas dans l'univers un crime, dont l'amour ne ſoit en quelque ſorte ou la cauſe, ou l'auteur? Dieu du Ciel! Createur de l'homme! Pourquoi donc lui donner une ſi forte pente à cet amour? Pourquoi le graver dans ſon cœur comme la ſource de la félicité? O Nature! ta main divine a ſu couvrir les herbes dangereuſes d'une enveloppe repouſſante: l'odeur infecte, le goût déſagréable de preſque tous les poiſons, nous en éloignent machinalement; tout nous avertit qu'ils nous ſont nuiſibles: & l'amour, ce poiſon plus actif, plus dévorant, plus mortel mille fois que la ciguë, eſt le ſeul dont tu ne nous aie pas défendu. Hélas! j'adore ici ta prévoyance & les ſecrets de ta bonté!

Sans ce penchant invincible, combien la jeuneſſe ſeroit heureuſe! Que de périls, de larmes, de tourments, elle éviteroit! Innocente au moins des vices, des erreurs, où la plonge le fougue enivrante de cette frénéſie, avec quel charme, quelle aiſance elle cultiveroit la vertu! Quel attrait, le vil libertinage auroit-il alors

alors pour la séduire ? Dépouillé du prestige du plaisir, il ne seroit plus qu'un monstre hideux, honte de la Nature, & dont chacun auroit horreur ! Mais comment, au printems de la vie, au moment où toute la machine est en combustion, où le sang dans sa plus grande activité, voiture dans les veines le feu & la volupté, mépriser près de ces femmes enchanteresses, dont le plaisir est l'unique étude ; comment mépriser la voix active de l'Amour & de la Nature ? Comment résister aux attraits qu'elles nous offrent, aux piéges qu'elles nous tendent, aux délices qu'elles nous promettent, & dont le délire de nos sens nous donne un avant-goût si délicieux ? Peut-on étouffer un instinct flatteur, fomenté par nos desirs, & dont rien encore ne nous apprend le danger ? Il faut périr !

En effet, que faire alors de cette surabondance de feu, de force, dont la Nature nous a pourvus ?

Comment dompter nos ſens, ſi l'amour n'en occupe, n'en éteint la terrible activité? Comment réſiſter toujours à l'ennemi, qui, fortifié dans nous-mêmes, nous attaque, nous harcelle, juſqu'à ce qu'il triomphe? Hélas! un cœur vuide, échappe rarement à ſes coups, & placé entre deux écueils, ſouvent il ſe jete dans le plus terrible! Chaque âge a ſes paſſions, qu'il ſuit preſque malgré lui, & qui ſont la ſeule cauſe, le ſeul mobile de tous ſes mouvemens. La jeuneſſe ſemble le regne de l'amour: & quand on n'a point l'ame aſſez vive, l'imagination aſſez forte, pour donner un corps à l'Idole que l'on encenſe, ou les ſens trop brûlants pour ſe contenter d'une telle chimere, on s'abandonne preſque toujours au libertinage; ſouvent même les circonſtances ſeules en décident.

Jeune, ſans expérience, tourmenté du beſoin d'aimer, on court avec délices, de beauté en beauté, de fête en fête. Quelle moiſſon de momens délicieux ! on s'y promet. L'appareil du plaiſir, de la gaieté, enivre, on ſe croit ſur la route du bonheur. La vanité, l'aiſance, le concours de mille adorateurs, l'eſpoir raviſſant d'être bientôt heureux, attire & retient près de ces femmes ſans ſévérité, qu'à toute heure on trouve charmantes & viſibles. Leurs talens, leur adreſſe, leurs beautés, les charmes de leurs converſations ſi conformes aux deſirs ; la volupté qui reſpire dans leurs regards, dans leurs mouvemens, dans tout ce qui les entoure, l'art même de menager, de reculer leur défaite, ſans en faire perdre l'eſpérance ; d'exciter, d'allarmer au contraire un feu dévorant par des refus adroits : que ſais-je, tout juſqu'à l'orgueil d'avouer en liberté ſon triomphe & ſes plaiſirs ; tout ne ſert que trop à rendre la jeuneſſe victime de leur empire. Avec quel art ſéducteur elles le prolongent, elles l'embelliſſent ! de quelle foule de plaisirs elles vous enlacent l'ame est fleurs & délices dans leurs pas; chaque jour les voit renaître, s'augmenter, & dans la même personne, tant elle se diversifie, vous jouissez du plaisir poignant de l'infidélité. Nos femmes de qualité sont loin de les valoir, de les approcher à cet égard. Quelle vie! avec quelle délicieuse nonchalance on s'y abandonne, on la savoure; l'ame toujours éveillée par quelque surprise, par de nouvelles voluptés, n'a pas le tems de s'y endormir; le calme, la monotonie de toute autre existence, lui paroît ennuyante, insupportable, elle ne pourroit s'en contenter. Mais comme sur la terre nul plaisir n'est parfait, comme tout y est mêlé de plus de maux que de bien, c'est dans les bras de ces femmes mercenaires que la santé se hasarde, que les sentimens se flétrissent, que la réputation se perd, & que l'on s'avilit. Petit-à-petit le cœur s'y dégrade, le goût des choses honnêtes, de pudeur se perd, les sentimens délicats s'éteignent; tout ce qui est grand, noble, beau, sublime, ne touche plus, n'éleve plus, on tombe dans l'abrutissement, & l'on meurt à la vertu. Mais dans cette flétrissante pourriture, on sent encore malgré soi des retours secrets vers l'honneur, on le regrette, on s'indigne de sa perte, on sent que l'on n'est point heureux sans lui, & l'on voudroit renaître à la vie. Espoir inutile! trop avilie, trop gangrénée, l'ame sans courage, incapable d'une longue résistance, sent sa bassesse sans en pouvoir sortir. Elle la sent, & c'est alors que la honte, les remords, les regrets, le désespoir, l'ennui, la déchirent de tous côtés. On n'entend plus nommer la vertu sans rougir, la vue de ceux qui l'aiment, devient à charge, nous humilie: l'amitié, l'amitié même, dont la main secourable pourroit seule nous aider, nous guérir, nous consoler, n'a plus de charmes. Tout nous est odieux;

embarrassé, honteux de soi, déplacé dans le monde, tout ce qu'on y voit, étonne, avilit, fait sentir l'infamie de son abrutissement, la fausseté de son bonheur, l'impossibilité de rentrer dans la société, de s'y plaire, d'y être supporté. On ne sait qu'y dire, qu'y faire, l'on croit voir les témoignages de sa honte écrits dans tous les yeux, on voudroit se cacher à toute la nature, à soi-même; mais les remords, comme un cruel aiguillon, vous déchire, & vous rend à toute heure votre sensibilité; l'on ne peut se cacher un seul moment son déshonneur.

Sentiment tant vanté, tant loué! Amour, que l'on regarde comme le plus précieux embellissement de la vie; voilà donc où toute ta puissance & tes plaisirs aboutissent quelquefois? Injustice du sort, de ne réserver qu'à nous seuls ce malheur terrible, & de faire du besoin, du penchant le plus impérieux, la source de notre perte & de nos plus vives souffrances.

Heureux animaux, pour qui l'amour n'eſt que l'inſtinct des ſens, que j'envie votre ſécurité ! & puiſqu'il n'eſt en effet que leur ouvrage, pourquoi faut-il qu'il aille en nous juſqu'à l'ame ? Sans contrainte, ſans inquiétude, vous ſuivez en tout tems la loi qui vous y pouſſe ; nulles ſuites fâcheuſes, nuls triſtes préjugés, nul obſtacle, n'en aigrit, n'en gêne la jouiſſance ; il eſt votre bonheur dès l'aurore, il l'eſt encore au couchant ; vous n'exiſtez, ne vivez que pour ſes délices : & nous, infortunés...... quelle déſeſpérante inégalité ! Malheureux, nous en faiſons un ſentiment, tandis qu'il n'eſt qu'un appétit auſſi brut, auſſi phyſique, que celui du malheureux depuis longtems ſa nourriture. C'eſt notre perfection, notre orgueil qui le dénature ; & voilà comme la jeuneſſe perd le fruit des bienfaits de la nature.

O printems de la vie, douce ſaiſon de plaiſir & de joie ! voilà donc comme s'écoule ton aimable illuſion?

Femmes, femmes, dont le plus grand empire est dans l'effervescence de nos sens! Premiers tyrans de nos beaux jours! où nous conduisent vos attraits & le bonheur que vous promettez? Il faut donc que vous nous tourmentiez, ou par l'amour, ou par les plaisirs; nulle victime ne peut vous échapper, & tout doit périr de honte de vous trop aimer, ou de douleur de n'avoir pu vous attendrir. Beauté! chef-d'œuvre des cieux! Idole de la nature! Ange de la terre! que votre haine & vos faveurs sont à craindre, & quelle force humaine peut s'en garantir, puisque dans l'avilissement même vous conservez encore tant d'empire & de charme?

Mais déjà j'entends vos murmures, foibles amans de la vie. « Quelle » injustice, dites-vous, de la charger » des maux d'une passion dévorante, » qui n'est qu'un délire, & de mettre » au nombre des malheurs inévitables » bles de l'existence, des égaremens d'une

» d'une ame exaltée »! Soit. Mais l'amitié, ce sentiment si doux, si calme, fils de l'expérience & de la réflexion : l'amitié vous paroît-elle propre à faire naître le bonheur? Vingt fois vous avez vanté ses charmes, ses plaisirs; souvent elle a fait l'objet de vos vœux les plus ardens. Eh bien, interrogeons l'expérience, fouillons dans les siecles passés, dans tout ce qui nous environne, dans le présent même; & voyons combien elle a fait d'heureux. O noble passion des grandes ames! douce illusion des cœurs sensibles! O divine amitié! qu'ils sont rares les heureux que tu fais! en vain remontant à l'antiquité la plus reculée, je touche au berceau du monde; & déja ton nom est souillé par le meurtre! Partout je ne vois que les traces des crimes & des trahisons qui te déshonorent; & la vaste antiquité m'offre à peine quelques mortels dignes d'effacer ta honte. De nos jours nous n'en pouvons citer d'exemple mémorable, & ton regne paroît détruit. Je ne m'en étonne pas. Le cœur de l'homme semble, par sa construction, se refuser à tes vertus, à tes devoirs. Comment celui qui ne pense qu'à son bonheur particulier, peut-il être l'ami d'un autre? Comment s'oublieroit-il, se sacrifieroit-il à l'intérêt de son frere, en s'aimant plus que tout le reste? A peine l'homme veut constamment son propre bien; à peine a-t-il le courage de vaincre les peines, les dégoûts, l'ennui, pour se procurer un bien-être; & l'on veut que pour celui d'un autre, il soit tout-à-coup plus courageux & plus constant que pour lui-même. Quelle erreur! L'amitié, n'en doutez pas, n'est au contraire que le sentiment de notre foiblesse; toujours elle annonce nos besoins. C'est l'espoir de la grandeur, des richesses, des plaisirs, du pouvoir, ou le besoin d'épanchement, qui nous attachent à quelqu'un. Si nous paroissons faits pour la société, c'est que ne pouvant nous suffire à nous-mêmes, nous nous ennuierions seuls. Aussi ne sommes-nous l'ami que de ceux qui nous sont nécessaires, ou par leur caractere, ou parce qu'ils nous amusent, ou qu'ils flattent sans cesse notre vanité. Dignes fondemens d'une amitié dont les suites sont souvent si cruelles! Et de combien de preuves fameuses ne pouvons-nous pas appuyer cette triste vérité?

Par qui se voit-on trahi, suplanté, déshonoré? Plein d'un sentiment qui déborde, le jeune amant ne peut le contenir, il lui faut un confident, pour s'épancher, se soulager. Avec quelle ivresse il parle de son bonheur, il le verse dans le sein de son ami! De quels traits de feu il peint celle qu'il adore! & tandis que son noble cœur se plaît à la louer, à lui payer longuement le tribut de sa reconnoissance, le monstre qui l'écoute, a déjà formé secretement le projet de la lui ravir. Moi-même, ô Ciel! n'ai-je pas été le douloureux témoin d'une pareille fausseté? J'ai vu un scélérat consommé dans l'artifice, se dire l'ami d'un étranger, l'accueillir, le vanter, jouer toutes sortes de rôles, & sous le voile imposteur de l'amitié, s'insinuer près de sa femme, la séduire, la tromper, & porter à force de constance & d'art, le déshonneur au sein d'une famille dont il devint le bourreau. Le mari d'une jolie femme peut-il se faire, sans danger, quelques amis? Souvent c'est celui qu'il chérissoit le plus, qu'il honoroit de sa confiance, dans le sein duquel il versoit avec une noble assurance les secrets de son ame, qui monte avec le plus d'audace dans la couche nuptiale, & la souille de plus de crimes & d'infamie.

Eh! que la force invincible de cette enivrante frénésie, de cet amour qui nous aveugle, ne serve pas d'excuse à sa trahison! Par-tout où son intérêt est mêlé avec celui de son semblable, je vois le prétendu ami préférer toujours le sien, au péril même de l'individu qu'il dit aimer. Dans les rapides adversités de la fortune & de la grandeur, dans ces chûtes horribles, où l'homme écrasé de son malheur, a besoin d'un appui, d'un consolateur, combien voit-on de mains fideles sécher les pleurs de celui que naguere elles encensoient avec respect? Combien même s'abstiennent de le flétrir, de le fouler avec mépris, & de se venger par l'insulte d'un attachement désormais inutile? Amitié! Amitié! Vain simulacre du bonheur! Faut-il ne voir regner sous ton nom que l'intérêt & le mensonge!..... Mais je frissonne, ma main tremble! Je n'ose finir l'esquisse de l'amitié telle qu'elle est réellement! Cœurs faits pour aimer! Dans quel reveil affreux vous plongeroit la perte de cette chimere! Ah! conservez longtems votre honorable erreur. Périsse, périsse, le barbare qui tenteroit de vous en priver; & puisse l'illusion vous rendre toujours heureux? Mais moi j'ai trop appris à la connoître.

Fuis donc, douce chimere, des cœurs sensibles, phantôme qui as trop long-tems séduit! Fuis & va te perdre avec ces songes enchanteurs faits pour la félicité de l'homme, & qui ne se réaliseront jamais.

Partisans d'une existence purement terrestre, je vous le demande, où trouver donc maintenant de vrais plaisirs, si l'amour & l'amitié sont bannis de la terre? Si ces noms flatteurs ne couvrent qu'impostures & souffrances; s'il nous faut renoncer à l'espoir de les en purifier jamais, & si tout ce que le Ciel enfanta de plus doux, est devenu dans nos mains l'instrument le plus aigu de nos maux? Ah! quand la jeunesse pourroit éviter ces deux écueils, en seroit-elle plus heureuse, étant esclave toujours enchaînée? Sortant de la contrainte d'un college, on croit en entrant dans le monde, on croit jouir de sa liberté pleinement, & n'avoir plus qu'à poursuivre le plaisir. Erreur trompeuse que le tems ne tarde pas à détruire! On retrouve un esclavage d'autant plus dur & plus pénible, que la soif du plaisir dévore, & que les passions commencent à germer. Mais il faut se choisir un état, en faire l'apprentissage, boire tous les dégoûts d'un début d'une nouvelle instruction, tout l'ennui de chose ridicule, contrariante, & qu'il faut pourtant faire ponctuellement; n'avoir plus de volontés, les soumettre à celles d'insipides supérieurs, subir sans se plaindre leurs caprices, leurs injustices même, être contrarié sans cesse par d'éternelles occupations, passer toute la journée dans l'étude, dans la contrainte; dépendre de ses chefs, de tout ce qui vous entoure, de l'envie même de se faire une réputation, renoncer à son existence, ne goûter le plaisir qu'à la dérobée, & renouveller à chaque instant le douloureux sacrifice de ses desirs, de ses goûts, pour l'acquisition incertaine d'une fortune, inutile peut-être quand elle viendra. Ainsi se passe le tems d'illusion, le seul tems où l'on pourroit être heureux ! Et semblable à cet infortuné qui lutte contre un torrent, il ne peut jouir du ravissant spectacle qui l'entoure ; occupé sans cesse à défendre sa vie, à combattre les flots ; les montagnes, les plaines fleuries, les palais, tout lui échappe, il n'arrive que le soir au port tout harassé, & pleurant la perte des biens dont il n'a pu jouir ; de même nous, nous sommes libres, quand il ne faut plus que mourir. C'est bien la peine !

Mes amis, le tiers de la carriere est déjà parcouru. De loin nous appercevons le juste milieu qui sépare la naissance de la mort. Mais sur le funeste tableau de la premiere partie, oserons-nous poursuivre jusqu'au terme fatal, qui confond la peine & le plaisir, & rend tout égal ? Oserons-nous dépouiller chaque événement du vernis qui le couvre, chaque plaisir de son illusion, & rassembler en un tas tout ce qui compose l'hiſtoire de l'Homme, ſans frémir de l'injuſte partage des biens & des maux? Juſqu'ici qu'avons-nous vu, que des larmes, des ſouffrances, des contraintes de toute eſpece? La progreſſion des douleurs annonçoit la force du patient, & chaque âge n'étoit marqué que par de nouvelles peines. Maintenant que le ſort n'a plus rien à craindre de la foibleſſe de ſa victime, déſormais à ſa perfection; il va l'accabler de malheur ſur malheur, & de tout l'excès d'une barbarie ſans borne. Le corps a toute ſa vigueur & l'ame toute ſa ſenſibilité, qu'attendroit-il? Tant que l'on met ſon bonheur en ſoi ſeul, il a peu de priſe pour tourmenter; mais lorſqu'une fois l'attachement ſe diviſe, & que les liens du ſang ou de l'amitié nous uniſſent à d'autres êtres, qu'il eſt aiſé de nous rendre malheureux au-delà même de l'imagination!

En effet, qu'a pu le ſort juſqu'à préſent? Priver d'une nourrice, prolonger l'esclavage d'un collège, ravir une maîtresse; que sont ces maux auprès du désespoir d'un père embrassant le cadavre de son fils unique; près d'un ami trahi par l'amitié; près d'une mère échevelée, redemandant sa fille au vil corrupteur qui l'a séduite; près d'un vieillard pleurant ses amis, ses parents, & resté seul au monde; près de l'innocent enfin, renversé sous le glaive de la justice, & confondu parmi les scélérats; que sont les maux insensés de l'imagination près de ces déchiremens affreux de l'ame? Il est des êtres privilégiés, je le sais, qui dans la puberté même peuvent éprouver les souffrances les plus aiguës. Tous ne sont pas livrés alors au libertinage seulement, ou à l'amour, j'en ai vu capable à cet âge de tout l'enthousiasme de la vertu, de l'honneur, & je ne les en ai que plaint davantage. Je ne puis à ce sujet me rappeller, sans frissonner, l'histoire d'un jeune homme, digne, à tous égards, d'un meilleur sort.

Son pere, homme vénérable, avoit pendant quarante ans exercé le commerce avec le plus grand avantage; son expérience & sa probité lui méritoient l'attachement & la plus aveugle confiance de tous ses correspondans. Sur sa parole, tous, sans balancer, lui eussent confié leur fortune; mais quelques vaisseaux perdus, un procès avec des Grands, donnerent la premiere atteinte à sa fortune. Des malheurs de toute espece se succéderent, & bientôt de la plus grande abondance, il tomba dans la plus profonde misere. Son fils crut alors pouvoir recourir aux grands Seigneurs, créanciers de son pere; il les alla trouver, leur exposa la misere de sa famille, ses pertes, & le besoin qu'elle avoit de ses fonds; que lui se disposoit à s'expatrier avec une partie, pour tacher de raccommoder sa fortune, & soutenir ses parents; mais on lui répondit qu'on ne les avoit pas ; il insista, on le fit chasser, il osa en murmurer tout haut ; le soir il étoit en prison. On l'y retint un an ; la mort de ses persécuteurs l'en fit sortir ; ce fut en vain. Son pere réduit à l'aumône, ne pouvoit s'en relever. Pour lui pâle, débile, il ranime le peu de force qui lui reste, & court à ses foyers. Il les trouve occupés par de nouveaux maîtres ; la justice avoit consommé le peu de biens échappés au naufrage. Informé de la demeure de son pere, ce malheureux se console au moins, en songeant qu'après une si longue absence, il va enfin embrasser son pere. C'est la plus douce jouissance de la vie & son plus vrai plaisir. Pressé dans les bras paternels, la chûte du monde n'est rien, l'on embrasse son pere, & l'on est heureux.

Après de longs efforts le jeune homme arrive aux lieux qu'habite son pere. A peine est-il sur le seuil de la chaumiere, qu'il apperçoit au débile vieillard, languiſſant ſur un peu de paille, les yeux éteints, le front jaune, le viſage mort, le pou glacé, il approche en tremblant de ce cadavre, tombe à ſes genoux, & reconnoît ſon pere. Nature, quel coup! mes amis, jugez-en? Il embraſſe en ſanglottant, ce corps livide & ſans chaleur; il l'inonde de ſes larmes, le couvre de ſon ſein, le rechauffe, le ranime. De ſourds géminſſemens ſortent avec peine; peu-à-peu le vieillard revient à la vie; alors ouvrant une palpitante paupiere, il regarde ſans rien voir, il fixe ſon fils ſans le reconnoître, & ſe ſoulevant avec peine ſur un bras tremblant, & glacé par le beſoin, d'une voix mourante il demande du pain.... Je n'en ai pas, s'écrie ſon malheureux fils.... Le pere retombe, expire : on n'entend plus rien.

J'ai vu ce jeune infortuné, dix ans entiers après cet événement affreux, pleurer encore ſon pere, l'appeller, le voir ſans ceſſe expirant dans ses bras, se loquisumer de douleurs, & porter incessamment dans lui l'image qui l'a plongé dans le tombeau, après trente ans entiers de misere & de larmes.

Est-ce donc pour souffrir que nous sommes nés sensibles ? Eh ! pourquoi nous donner la mémoire, cet écho fatal des coups du sort, cette affreuse faculté, sans laquelle le passé ne pourroit rien sur nous ? Ah ! périssent plutôt dans l'oubli des souvenirs, qui ne peuvent qu'être déchirans ! Rare sensibilité ! ornement céleste d'une ame immortelle ! Fatal présent du Ciel pour la terre ! Que tu m'enchantes & me déchires ! Si tes plaisirs sont inappréciables, que tes souffrances sont aiguës ! Que de larmes tu m'as fait verser ! Par quelles angoisses, quelle amertume, n'ai-je pas expié quelques momens délicieux, volés à la douleur ? C'est par toi que me sont venus les plus doux ravissemens & les peines les plus vives ! Que de maux je te dois ! Hélas ! sans toi, ſans cet étonnant épanchement, qui me transforme en tous ceux que j'aime, mes jours couleroient purs & ſans orages. Indifférent pour tout ce qui m'entoure, étranger à tout ce qui n'eſt pas moi, heureux de mon ſeul bonheur, je ſuffirois pour ma félicité. Que m'eût été tout le reſte alors? Au-lieu de me multiplier pour la douleur, j'aurois reſſerré mon exiſtence, & j'euſſe défié ſes atteintes. Que mon cœur n'eſt il de bronze!

Roi du Ciel! Dieu de mes peres! eſſence immortelle, qui me créa pour le bonheur! qui me le promis ſi j'étois juſte & vertueux! Vois ce que m'a coûté une ame tendre & compatiſſante? Mon printems s'eſt évanoui, & je n'ai verſé que des pleurs ameres. Homme aveugle, & petit dans ton orgueil, vantes-moi donc à préſent ce privilege dont je te vois ſi fier! Cette ſenſibilité qui t'éleve audeſſus des animaux! Ce préſent dont la nature te décore, dis-tu, comme ſon chef-d'œuvre ! Tu ne vois pas, inſenſé, que c'eſt un ſurcroît de peines qui t'eſt préparé dans ce jour terrible, où la mort eſt d'autant plus affreuſe, qu'elle rompt plus de nœuds, qu'elle déchire l'ame par plus de côtés. Qu'elle eſt cruelle pour l'amant, l'ami, le pere ; le pere tendre qu'elle arrache à l'amie de ſon cœur, à des enfans encore dans le berceau, & le fruit adoré d'un amour immortel. Qu'en ce jour de terreur, il eſt affreux de tenir par l'ame à ce qui nous échappe !

Mais ſans nous élancer juſqu'à ce moment lugubre, combien dans le cours orageux de la vie, voit-on de tempêtes s'élever de cette ſeule ſource ? Peut-on ſe flatter d'un jour pur & ſans allarmes, quand on offre tant de priſe aux coups de la fortune ? Si nous étions les enfans préférés de la nature, bornés à des jouiſſances éphémeres, notre bonheur ſans doute eût été le premier but de ſes recherches de de ſon amour. Loin de nous munir d'inſtrumens inutiles, dangereux : tout auroit été fait pour nos plaiſirs, pour les accroître, pour nous rendre plus heureux que le reſte de l'univers; car peut-elle rien nous donner de préférable au bonheur; rien de plus digne d'elle? L'excès de notre félicité ſeroit alors devenu la meſure de ſon attachement pour nous. Mais en puis-je voir des preuves dans les inſtrumens de mon ſupplice, dans ces préférences perfides, dans mon malheur, dans cet eſprit, fragile inſtrument, qui ſe briſe contre le bonheur, & ſe trempe, ſe raffermit dans les ſouffrances, comme l'acier dans la glace? Car dans la longue liſte des malheureux, quels hommes voyons-nous épuiſer le plus ſouvent, juſqu'à la lie, le calice de la douleur? Ce n'eſt point cet heureux Journalier dont l'ame n'a pas le tems de penſer, ni ce vieillard fortuné qu'elle prive de la raiſon; encore moins ce ſtupide financier, qui végete lourdement sur un sofa, occupé seulement de sa digestion & du repas qui doit lui succéder? Le le dirai-je à la honte de mes semblables ou de la nature? C'est l'homme d'esprit, l'inventeur, le génie qui perfectionne les sciences & les arts, & qui met seul la différence sensible entre l'homme & la brute. Preuve terrible, que cette faculté qui nous rend si vains, ne nous a point été donnée comme un présent, mais comme une arme funeste, qui, semblable aux flèches d'Hercule, doit faire périr qui la possède.

O! mes amis, si l'orgueil ne prévaut pas sur le sentiment de notre bonheur, combien doit nous paroître cruelle cette triste faculté, qui devance le malheur & prolonge, son amertume, ses coups, quand il n'est plus; quand les bêtes retrouveroient la paix & le plaisir? Cette ambition insatiable, que l'univers entier ne peut remplir, & dont l'inquiétude empoisonne tant de jouissances? Est-

cette liberté du choix, qui ſait, dit-on, toute la moralité de nos actions! Vertus! vertus, que mon cœur idolâtre! que de peines m'a coûté mon ardeur à te ſuivre! Faut-il qu'au moment où ton image ſacrée embraſe notre ame, le feu impur des paſſions en terniſſe l'éclat; & que le vil murmure des ſens ſe faſſe entendre. La raiſon dépendroit-elle d'un corps ſi changeant? Ne peut-elle agir indépendamment de ces organes rétifs; & faut il la voir céder quelquefois à leur tumulte? Eſſence divine, quel eſclavage! mais voilà peut-être ce qui en fait le mérite. Quel triomphe que de les dompter, & de s'élever conſtamment vers les cieux, quand ils tendent à nous attacher à la terre!

Sur quoi donc fonder notre orgueil & notre fierté! Qu'il eſt humiliant, que cette prérogative, que nous croyons ſi relevée, ſi étrangere aux ſens, ſoit ſoumiſe à l'intempérie de l'air & des ſaiſons; à un peu plus, un peu moins de ſommeil, à la qualité de nos alimens, à nos moindres besoins; qu'elle souffre plus d'altération & de vicissitude, que l'instinct des animaux, & qu'un Voltaire dépende d'une bonne digestion! O orgueil! ô génie! ô vain titre de ma gloire & de ma supériorité, vil esclave du corps! ô mon esprit! Qu'es-tu, puisque tu dépends d'un physique moins parfait, que celui des animaux que je méprise? [illegible] instrument, dois-je fonder encore sur lui seul la vaine chimere d'une prétendue royauté? Tous les ouvrages de la Nature ne sont-ils pas égaux? le gland est aussi parfait que [illegible] cheron; le moucheron que le cheval; le cheval que l'homme, au moins à l'œil. Dans tous elle étale [illegible] son art & son pouvoir; ses moindres productions sont des chefs-d'œuvre; mais nous sommes peut-être celle, dont le bonheur [illegible] le moins affectée. N'en [illegible] pas d'autre pour nous?

En vain, pour s'en dédommager, l'homme crie comme ce fou d'Athenes, que tout est créé pour lui, que tout lui appartient. Que cette fourmilliere d'astres, qui ne luisent que la nuit, sont faits pour le plaisir de ses yeux ; que les campagnes ne sont couvertes de tant de fleurs & de fruits, que pour lui seul ; qu'enfin la Nature rend commun tout ce qu'il aime! L'insensé ne voit pas au contraire, qu'il aime tout ce qui est commun, qu'il ne se réjouit des fleurs que parce qu'elles existent, qu'elles sont plus belles dans les deserts, loin de lui, que près de son habitation ; que la moitié de la création veille sous ces astres nocturnes, tandis qu'il dort ; qu'il tyrannise les especes naturellement foibles, douces ; mais qu'il fuit, qu'il craint le tigre, le lion, toutes celles qui bravent ses fers, & que souvent enfin, malgré tous ses travaux, ses sueurs & son industrie, qu'il croit si forte, la nature se joue quelquefois de ses besoins.

De l'enfance à la jeunesse le passage est brusque dans nos mœurs; il l'est moins de ce dernier à l'âge mûr, les passions seules en font la différence. D'abord on ne tenoit à rien, le plaisir étoit la seule occupation; mais quel changement, dès qu'une fois l'on commence à faire partie de la société, à y tenir un rang. Quelle foule de devoirs! C'est une nouvelle vie. Consacré à l'intérêt public, au bien de la communauté, on lui doit compte de tous ses momens. Honorable victime du titre que vous portez, de la place que vous occupez, vous n'existez plus que pour les autres. Devenu époux, pere, citoyen, tenant par tous ces noms à la patrie, combien on peut souffrir sans que les coups aillent même jusqu'à soi?

Mais n'examinons pas les maux que les différentes relations de ſociété font ſouffrir au citoyen. Qu'importe ici que l'honnête patriote gémiſſe des déprédations de ſcélérats qui envahiſſent tout. Que ſon noble cœur ſoit déchiré des maux dont on accable le pauvre, qu'il ſoit même la victime de ſon zele pour le bien & de ſa vertu. Qu'importe! c'eſt l'homme de la Nature que j'examine; il eſt clair, que s'il eſt malheureux avec ſon corps & ſon ame ſeuls, ſon ſort ſera terrible, en le chargeant encore de maux étrangers. Et puiſqu'il n'eſt que trop vrai, qu'on ne peut s'attacher ici bas ſans augmenter la ſomme de ſes maux, combien nous devons plaindre l'infortuné qui s'attache à ſon pays, dont les entrailles frémiſſent au doux nom de la patrie, & qui regarde tous ſes concitoyens, & les malheureux ſurtout, comme ſes freres. La Nature ne nous avoit point, il eſt vrai, aſſujettis à tant de chaînes; être époux & pere, eſt tout ce qu'elle nous imposoit. Aussi n'examinerai-je que ces deux états maintenant.

Dans quelle activité continuelle l'homme s'épuise, jusqu'à l'instant de sa mort! Que de mouvemens, d'agitations, de fatigues, de tourmens, de besoins, il n'est sans cesse occupé qu'à les satisfaire, qu'à combattre, & repousser tout ce qui s'y oppose; & toujours il court après de nouveaux desirs. Il vient pourtant un moment, où tous ses besoins & ses voeux semblent s'éteindre dans le sein du bonheur; & c'est les premiers jours du mariage. Qu'elle est douce, qu'elle est chere cette union, formée par la Nature dès le berceau du monde, & rendue sacrée par la Religion! Qu'en nous donnant une compagne aussi fidelle que tendre, elle nous offre une source consolante de bonheur & de paix! Epoux, amant, ami, protecteur de celle que nous avons choisie, à combien de [illegible] n'éprouvons-nous pas son amour? État [illegible] de nœuds ne tient-elle pas à nous? Goûts, plaisirs, besoins, nécessités, tout semble rapprocher & rejoindre ces deux moitiés séparées. Que dis-je? la femme, cette aimable compagne de l'homme, son appui dans l'orage des passions, son consolateur dans la vieillesse, est la plus chere moitié de lui-même, quand elle daigne vivre pour lui. C'est un ami inappréciable, toujours sûr, toujours prêt à partager avec joie ses différentes fortunes; mais un ami, dont l'amitié vraie, active, compatissante, ne se contente pas d'écouter nos maux, & de nous plaindre, son œil devine nos blessures, sa main légere les cherche, les panse; son cœur répond au nôtre, on nous entend; & loin de la seche consolation des hommes, on sent une ame sensible & vraiment pénétrée. Aussi tel malheureux que l'on soit, on l'est toujours moins après avoir pleuré dans le sein de son amie, de son épouse. Et par un privilege unique, (& qui prouve combien les femmes sont faites pour notre bonheur! notre félicité même se double en la leur confiant. De quels charmes elles l'embellissent! c'est une nouvelle ivresse! Ah! nous leur devons tout, oui tout, jusqu'à nos plaisirs, & nous perdons tout avec elles! O loi immuable! voilà donc où nous conduit toujours le bonheur! Le malheur tôt ou tard nous atteint, éclate & nous écrase!

O mes amis! vous le voyez, je suis loin de la calomnier, de charger le tableau, & d'inventer à plaisir de chimériques malheurs, je me complais au contraire dans la peinture des courts momens de paix, dont elle leurre notre espoir; je tâche même d'en prolonger la durée, & par une illusion, qui jamais ne se réalise, d'en écarter jusqu'au moindre nuage. Ce n'est point une satyre contre la vie que je veux faire, à Dieu ne plaise! que je veuille effrayer mes semblables par la vue de leurs maux amoncelés; j'épanche dans votre ſein une ame ulcérée de malheurs ; j'y verſe mes larmes & mes ſouffrances ; mais loin d'exciter en vous une ſtérile triſteſſe, je voudrois au contraire, par les réflexions que le malheur & l'expérience m'ont fait faire, ranimer vos forces, & vous donner le courage de ſouffrir patiemment des maux inévitables, communs à tous & paſſagers. C'eſt pour vous ſur tout que j'écris, ames puſillanimes, que le moindre revers pouſſe au déſeſpoir ! pour vous, qui croyez à la moindre infortune, que tous les malheurs s'entaſſent ſur vous ſeuls ! liſez cet écrit, regardez autour de vous, & murmurez encore ſi vous l'oſez.

Que le bonheur nous eſt étranger, qu'il germe avec peine dans notre ame, qu'il s'y developpe difficilement ! Sa premiere atteinte trop vive pour être ſentie, n'eſt que trouble, bouleverſement : c'eſt une fureur, un délire, il écraſe, ou perd la raiſon ; qu'il faut de tems pour ſe remettre de cette joie frénétique, pour ſentir comment on eſt heureux ! Un long épuiſement ſuccede à ces premiers tranſports, petit-à-petit on ſent naître avec délices un ſentiment plus calme, plus flatteur, ſes molles ondulations raréfient tout notre être, animent notre ſang, y portent le feu, la vie, l'ame. Une douce ivreſſe fait circuler dans nos veines le bien-être, la force, la joie, le contentement, & répand ſon charme ſéducteur ſur tout ce qui nous environne. Toute la Nature s'embellit à nos yeux, l'air eſt plus frais, le jour plus pur, la terre plus belle, tout nous paroît heureux de notre félicité ; ce doux partage nous la rend plus chere encore, & quand enfin cette premiere effervescence s'appaiſe, elle ſe retire au fond du cœur, & c'eſt alors que l'on commence vraiment d'en jouir. Dans les premieres faveurs de l'amour on eſt trop emporté pour être heureux, il manque ces douces réflexions, ces enchanteurs retours, ces ſuſpenſions délicieuſes, qui épurent & fécondent le plaiſir ; tout eſt jouiſſance, tranſport, délire, il eſt vrai, mais le bonheur veut un état plus calme ; & c'eſt au lendemain qu'il nous attend. Quel reveil ! jour délicieux ! jour unique dans la vie ! jour, parfaite image de la félicité céleſte ! que tu rends inſipides & froides les longues années qui te ſuivent ! mortels ! couples heureux ! ah ! ſavourez-le bien ce jour inappréciable, ce jour qui ne revient qu'une fois, & puiſſe ſon flatteur ſouvenir, ſe prolonger juſqu'à votre vieilleſſe, & l'embellir encore !

Impatient d'une longue réſiſtance, le ſoleil s'arme enfin de tous ſes feux, & perce ces rideaux, où la troupe fatiguée des folâtres plaiſirs, dort rafraichie par l'amour. Etonnés d'une ſi longue indolence, tous s'éveillent en ſurſaut, & courent en hâte aux poſtes que ce Dieu leur aſſigne. Pour lui, de ſes pointes dorées il frappe, en agitant ſon flambeau, les nouveaux favoris. Ils s'éveillent! Quelle sérénité! avec quel enthousiasme ces aimables enfans renaissent à la vie, à l'amour! ivres de plaisir, ils sortent contens & paisibles de la couche nuptiale. Comme le sentiment du bonheur est peint dans toute leur personne, ce n'est plus cette brûlante ivresse, cet emportement, ce délire des sens, qui troubloit hier toutes leurs facultés. Une molle volupté, un calme, un abandon plus séducteur, plus ravissant, a succédé; les roses de leurs joues pâlies par un peu d'abattement, n'en sont que plus touchantes. Hier leurs yeux brûlants, dévorés d'amour, humides des flammes du desir, ne respiroient que feux. Aujourd'hui, à peine soulevent-ils leurs paupieres fatiguées, leurs regards nagent dans une molle langueur; & malgré leur abattement, on y voit peindre encore les traits mourants du plaisir. O que cette image m'enchante! Quittez, amans trop heureux! quittez ce dit, sans tuaire respectable de vos plaisirs, & qui doit être sacré pour tout autre; & pleins d'un sentiment qui déborde, venez dans un mutuel épanchement, en savourer, en prolonger le charme inconcevable? Ils s'avancent nonchalamment, une démarche lente, presque incertaine, donne à leurs regards, à leurs mains, à leurs cœurs, le tems de se confondre: & comme la rose exhale les plus suaves parfums, les plus doux sentimens s'échappent de leurs ames embrasées, & vont enivrer leur imagination. O! qui pourroit les peindre ces torrents de délices, de joie pure, de ravissement, où les plonge la sûreté du bonheur! Cette extase brûlante, dans laquelle, pressés l'un contre l'autre, ils tombent à genoux, & demandent avec ferveur au Ciel, de les rendre inséparables! Comme leurs cœurs, leurs mains, leurs yeux ardents, leurs soupirs confondus, s'élancent aux cieux, ils n'ont encore rien dit; mais dans leurs douces étreintes, quelles larmes délicieuses les inondent! Dieu suprême! Dieu de bonté! quel encens te flatte plus que le mutuel élancement de ces deux ames simples & pures vers ton trône? Ah! si leurs vœux sont repoussés, quelle priere exauces-tu? Jeune Homme, ce tableau t'enivre, il fait tressaillir ton cœur, il t'arrache des larmes; & dans l'ivresse qu'il te cause, tu t'écries en palpitant: Il est de pareil jour dans la vie, & vous la croyez un malheur? Que tu me fais pitié! jeune débutant, patiente encore, & tu verras.

Si de pareils enchantemens se prolongeoient jusqu'au tombeau; si toutes nos années étoient composées de ces jours heureux, ou si même ils revenoient quelquefois, leur espoir, oui, je l'avoue, suffiroit pour rendre notre sort préférable, égal au moins à celui des Anges: le Ciel n'en peut sans doute offrir de plus délicieux, & j'ai peine à comprendre, que l'Être suprême avec toute sa puissance puisse, si elle étoit durable, nous créer une plus grande félicité! Mais quelle est courte sur la terre! Quelle fuit vîte, & que sa perte est amere! croiroit-on, que de pareils instants soient faits pour nous conduire aux plus vives souffrances; que la nature n'ait accumulé tant de jouissances, que pour aigrir nos maux, & que tant de préparatifs de bonheur, finissent par le désespoir? Non sans doute! elle a grand soin de ne développer la chaîne de nos maux, que progressivement; elle cache avec art les infortunes éloignées, sur-tout celles qu'enfante toujours le plaisir, de peur sans doute, d'effrayer notre courage; & que l'homme refusant d'épuiser la coupe de la vie, ne la prive tout-à-coup du plaisir de le tourmenter à loisir. Que ses craintes sont bien fondées! Ah! si dès le premier pas, l'on voyoit les maux innombrables, les traverses, les angoisses de toute espèce qui nous attendent, quel homme ne reculeroit d'horreur jusqu'au tombeau ?

Presque tous les mariages ont des prémices flatteuses, beaucoup se maintiennent dans les premieres années sans nuage, pourquoi donc en voit-on si peu finir heureusement ? En faut-il d'autre cause que la mobilité de notre ame, peu faite pour un état permanent, fût-ce le bonheur ? Elle ne peut, il est vrai, supporter long-tems les secousses violentes de l'amour, il lui faut des jouissances moins brûlantes ; & lasse, incapable d'un si fougueux délire, elle s'affaisse enfin, & se repose avec volupté dans le sein de la confiance. A peine lui reste-t-il assez de force pour savourer les tranquilles délices d'un mol abandon, d'un mutuel épanchement ; & l'amitié lui semble encore un repos sans doute bien doux aux dévorans transports qui l'agitoient. Tant que l'épuisement ralentit son ardeur, ce que la [illegible] de ce sentiment la flatte, cet état lui suffit. Mais bientôt ranimée par un calme si doux, elle se réveille, s'agite, s'embrase plus violemment encore, & recherche de nouvelles sensations; les mêmes ne l'ébranleroient plus, il lui faut des plaisirs plus piquants, plus vifs, & surtout peu connus; premier inconvénient du mariage. Cet l'ame n'y pouvant trouver cette variété, compte pour rien les autres avantages; elle préféreroit des malheurs à la dégoûtante monotonie d'un état toujours heureux de la même maniere; [illegible] le grand triomphe de l'amour [illegible] prend autant de formes qu'il y [illegible] dans la journée sur l'uni[illegible]. Ces surprises, ces ré[illegible] bizarres inattendues, tiennent toujours l'ame occupée & au moins de quelques changemens; & [illegible] précieux l'empêche de [illegible]. Mais toujours voir la même personne, toujours lui redire les mêmes choses, toujours sentir les mêmes impressions près d'elle; toujours prévoir, en se couchant, la vie du lendemain; & dans une heure avoir épuisé le cercle étroit de la félicité! Quel sort! sur-tout pour une ame active, brûlante! Est-il étonnant que si peu de mariages soient heureux? Eh! si vous y joignez la différence des caracteres, des passions, des goûts, des âges, des tempéramens, des préjugés, des liaisons étrangeres qu'il exige, les embarras qu'il fait naître, les contraintes qu'il impose, la liberté qu'il ravit, la gêne qu'il met dans les plaisirs, dans les fortunes; que sais-je? tous les inconvéniens qui en résultent: vous concevrez aisément la difficulté du bonheur dans le mariage.

Que seroit-ce encore, si le changeant des révolutions infinies que cause la fortune, le caractere des individus, les événemens, j'en suivois tous les malheurs? Car enfin, si le mariage nous vend si cher ses courtes & rares douceurs avec une épouse adorée, & faite pour l'être ; que ſera-t-il avec ces femmes ſans qualités, ou monſtrueux amas des vices les plus atroces ? L'enfer, dont on nous menace, n'a point ſans doute de pareil ſupplice ; & je vois peu de malheurs qui ne lui ſoient préférables. Quel état que d'être expoſé ſans ceſſe à la mauvaiſe humeur, aux dédains d'une femme hautaine, & plus changeante que les vents ! De n'oſer rentrer chez ſoi faute de paix & de bonheur ; & de trouver dans celle, que nous avions choiſi pour embellir notre vie, l'inſtrument fatal qui nous déſeſpere ! Comment ſur-tout ſupporter la honte & l'infamie où vous expoſe à tout moment...... Femmes ſans vertus ! Femmes infidelles ! Ah ! vous êtes le plus cruel fléau de l'humanité ! Ne plus oſer lever les yeux, rougir de ſe trouver en public, friſſonner en embraſſant ſes enfants..... Que la vie eſt longue alors ! Qu'a-t-on à perdre en mourant ?

Eh ! faut-il tous ces malheurs pour rendre le mariage si terrible, si dangereux? Si vous aimez votre épouse, quelle source de maux & de larmes ne vous préparez-vous pas! Que d'inquiétude, de peines, de soins! Ames sensibles, concevez-vous les angoisses, les déchiremens de cet époux infortuné, qui voit, en rentrant chez lui, tous les siens pâles, immobiles, pleins de sanglots & de larmes, qu'ils ont peine à retenir! Stupide, égaré, craignant tout, il n'ose en demander la raison; ses yeux inquiets, éteints, sa bouche ouverte, palpitante, ses mains, ses mains tendues vers ce qu'il a de plus cher, font bien voir quelle est sa crainte! Personne ne répond. Mourant sans force, il se traîne vers l'appartement de sa femme; d'un bras tremblant il ouvre...... Dieu! cette épouse si précieuse, saisie tout-à-coup des douleurs de l'enfantement, touche aux portes de la mort! Mille siecles de bonheur pourroient-ils dédommager de pareils instants! Qu'ils sont affreux! Comment notre frêle machine n'en est-elle pas anéantie? Sans doute on ne pourroit les supporter long tems. Et qui peut en être exempt? Que de malheurs empoisonnent ce droit sacré de transmettre la vie; & que la joie d'un pere, qui voit sortir de son sein un autre lui-même, a de cruels correctifs! Rassure-toi, tendre époux. La Nature s'arrête, & te rend ton épouse! Elle te la rend enfin! & l'effroi se dissipe, le calme revient, tu es pere. Moment inappréciable, que votre douceur se paie cher! Mortels heureux, recevez ce gage sacré de votre amour, cet enfant formé de vos deux substances, & garant d'une union désormais indissoluble; recevez-le, & l'offrant au Ciel, jurez de le conduire au bonheur par la vertu, sans laquelle tout n'est que peines & larmes.

Il n'est point d'attachement humain exempt de peine & d'inquiétude. Plus ils sont forts, plus ils sont chers ; plus ils approchent de l'ame, & plus ils en sont susceptibles. Quels doivent donc être les transes & les maux d'un époux, d'un pere tendre ; d'un chef de famille, qui se consacre au bonheur de tous les siens ? Que de larmes arrache un si doux intérêt à la mere sensible, qui ne vit que pour le fruit de ses entrailles ! Combien les longues peines de la grossesse, les douleurs de l'enfantement, les soins du premier âge, la tourmentent avant que ses enfants puissent l'en dédommager ? Femmes de ce siecle, les vôtres ne vous coûtent rien, vous êtes bien plus habiles ! Laissons, dites-vous, aux femmes du métier l'embarras d'élever nos enfants. Etre mere un métier ! vile louve ! Eh ! pourquoi donc vas-tu jurer aux pieds des autels, d'obéir aux saintes loix du Ciel ? Pourquoi montes-tu dans la couche nuptiale ?

nuptiale ? Que prétends-tu donc en te mariant ? Voler le plaisir, prostituer tes sens, tromper la Nature ! Non, non, tu ne la trompes pas ; les maux terribles, dont elle t'accable, en sont garants, & ta mort même est effroyable. C'est ainsi qu'elle se venge des maux que l'on croit éviter, en rendant ceux que nous nous occasionnons, plus déchirants encore.

Victime infortunée d'une insatiable ambition, que de soins, de peines, de démarches, d'agitation continue, fatiguent ce pere impatient d'améliorer, d'augmenter la fortune, le bien-être de sa famille ! Travaille, épargne, amasse, lui crie sans cesse une voix intérieure : jamais tu ne peux rendre les tiens trop riches, ni les élever trop haut. Vois-tu ce but ? C'est là que tu dois tendre. Cours chez les Grands, ne te rebute pas ; postule, demande, importune, on ne peut te blâmer ; ton orgueil est la plus noble comme la plus excuſable ambition. Refuſe-toi toutes les jouiſſances, crains de te repoſer; crains que chaque inſtant donné à ton plaiſir, ne ſoit volé à l'avancement de tes enfants. Harcelé ſans relâche par cette inſatiable cupidité, il n'a plus de repos, c'eſt un forçat courbé ſur la rame; preſque toujours mécontent de lui-même, il ſe reproche ſa pareſſe, il regarde s'il n'a rien oublié, s'il a tenté tous les moyens, s'il ne reſte pas quelques nouveaux projets à ſuivre, d'autres eſpérances à nourrir, des poſtes à demander; ainſi ſe paſſent tous ces jours noirs d'orages, vuides de plaiſirs; & le ſoir il rentre harraſſé, hors d'haleine, & ſouvent déſeſpéré de n'avoir réuſſi en rien.

La nuit même n'eſt plus un aſyle contre ſes ſoins inquiétants, ſans ceſſe il en eſt tout plein; ou ſi par hazard ils le quittent, c'eſt pour le livrer à des terreurs plus déchirantes encore. Quelle douleur ſubite ! Quel treſſaillement m'arrache au doux ſommeil ? Mes yeux ſont inondés de larmes, mon cœur ſe gonfle, j'étouffe ! Tout ſe taît cependant, il fait nuit, la Nature dort ! Philomele ſeule me frappe de ſes langoureux accents ; qu'ils ſont triſtes, plaintifs, qu'ils répondent bien à l'état de mon ame ! Hélas ! la douleur la pourſuit juſque dans les ſonges ! Œil éternel, qui couvre le monde ! Main puiſſante qui le gouverne ! je me proſterne ſous ta puiſſance, je t'invoque ; entend me cris ! Tranquille ſur mes jours, je m'abandonne avec reſpect, & ſans murmure, au ſort que tu me deſtines ; mais veille ſur mes enfants, veille ſur ma femme. Éloigne le malheur ; qu'ils ſoient heureux ! Dans l'illuſion du ſommeil je m'enivrois de leurs careſſes, mes bras s'avançoient . . . . . . déjà ! . . . . . La mort, la mort cruelle les guettoit, & les a renverſés froids & ſans vie ſur mon cœur ! Est-ce un rayon prophétique ? Dieu plein de bonté, dois-je éprouver ce malheur ? Hélas ! cette lugubre idée me poursuit en tous lieux. Elle m'entoure, me déchire, & ne me laisse plus de paix. Au milieu des fêtes elle flétrit mes plaisirs, arrête ma joie ; elle empoisonne la coupe où voltigeoient les ris, j'y bois mes larmes ; mes yeux se couvrent à l'instant d'un crêpe lugubre, je ne vois plus que des douleurs ; & la nuit, la nuit même, elles m'éveillent & me percent encore. Soleil ; en vain ta lumiere consolatrice dissipe les tenebres ; rien ne rend le calme à mon cœur ! Tout au contraire nourrit ce ver rongeur. L'inconstance des choses humaines, & tant de malheurs, n'appuient que trop ce sentiment craintif d'un ardent amour. Douce sensibilité, qui m'attache à tant d'objets précieux, que de larmes tu me coûtes !

Larmes que le cœur seul d'un pere peut apprécier ! larmes que nous [illegible] peut-être sommes capables de verser! Que sur la terre nous sommes propres à la douleur! Tant d'épreuves, tant de maladies attaquent notre corps! tant d'infortunes morales déchirent notre ame! Nous pouvons être malheureux de mille manieres; une seule, une seule peut faire notre bonheur, & si tout n'y concourt à la fois, il nous échappe. Les peines de l'ame épargnent la brute, elle en est indigne; ce rare privilege demandoit notre perfection? Perfection bien à charge! Car enfin, quel autre avantage en retirons-nous ici-bas? Maîtres bizarres & capricieux de la terre, nous bouleversons sa surface, nous y élevons, en haletant des masses effroyables qui ruissellent encore de nos sueurs & de notre sang, nous traversons des mers orageuses, des climats brûlans & deserts; partout nous cherchons le bonheur, & semblables au malade qui s'agite vainement sur son lit, infortunés! Nous ne trouvons que la douleur.

Ne me vantes donc plus tes scien
& tes arts, puisque, fruits honteu
de la nécessité & du malheur, ils
n'ont pu améliorer ton sort. Voi
même à quoi se réduisent ces con-
noissances tant vantées: à mettre des
pierres l'une sur l'autre, à dompt
des animaux sans fiel, sans défense,
& déjà vaincus par la nécessité, à
te nourrir avec efforts, avec péril,
tandis que tous les lieux t'offrent de
alimens simples & faciles, à deviner
enfin ridiculement ce qui est éloign
quand tu ignores, quand tu méco
nois ce qui se passe sous tes yeu
Vaine adresse, vain subterfuge de to
orgueil, qui craint d'être confondu
& cherche au loin des objets qui n
puissent le démentir. En effet, qu
sais-tu de certain? De quoi tu
raison? Tu prédis les éclipses, dis-tu
mais Empedocle les annonçoit, &
depuis ce tems, le Ciel n'est plus
même à tes yeux. La lumiere, le fe
l'eau, que sais-je, selon toi, t
est différent à cette heure; le mo

ne nage plus dans le vuide... les atomes crochus... l'abstraction.... Frivole espion de la Nature, foible ignorant, fais-moi venir un chêne, explique-moi comment sa cime majestueuse est contenue dans ce foible gland... dis-moi... non, montre-moi, cela suffit !

Mais le bonheur, dites-vous, est si fragile ; pourquoi le confier à tant de mains ? pourquoi s'attacher par tant de liens à cette terre, qui va bientôt nous échapper ? pourquoi nous exposer à gémir des coups qui tombent à côté de nous ? Etranger au vain tourbillon du monde, dégagé de ces cruelles sociétés, où chacun se fait un plaisir barbare de s'amuser aux dépens d'autrui, libre surtout de ces liens de l'ame, sources intarissables des plus terribles chagrins ; peut-être trouveroit-on le bonheur & la paix. Craignez la mobilité du sort, qui ne peut manquer de renverser tant de biens, si vous les multipliez.

Seul, & ne tenant qu'à lui, l'homme trouveroit ſans doute la félicité.

Le pouvez-vous croire, que la vie d'un célibataire, d'un homme iſolé de ſon eſpece, inutile au monde, ſoit plus heureuſe que celle de ce zélé citoyen, qui conſacre ſes ſueurs, ſes veilles au bien de ſes freres, & jouit au moins dans ſon cœur du conſolant témoignage d'avoir fait des heureux. Sans doute moins on forme d'attachemens ſur la terre, moins on offre de priſe aux coups de la fortune, & moins on éprouve de revers. Mais, c'eſt vous ſur-tout, ce ſont vos réflexions, ſource des plus cruelles ſouffrances, qu'il faudroit fuir, éviter; & le malheureux oiſif, dont l'ame ſtérile ne connoît qu'elle eſt le plus en proie à ces retours déchirans, le plus inſupportable des ſupplices, rien ne le diſtrait de lui-même, ne fait diverſion à ſes maux, ne l'intéreſſe, ne le rend ſenſible au bonheur d'autrui; il eſt toujours ſeul, mort aux plus douces illuſions; ſon

cœur

[illegible] de chair ne connoît que les plaisirs des sens, les seuls que l'imagination ne peut prolonger, & que nos débiles forces nous permettent de goûter si rarement, les seuls enfin dont l'ame ne profite jamais. Aussi, que de vuide, d'ennui dans sa vie, malgré tout son fracas! avec quelle amertume, quel désespoir il sent qu'il n'est point heureux au sein même des délices! comme il se tourmente, s'agite, il s'échauffe, pour s'étourdir & s'en imposer à lui-même! comme il court après toutes les chimeres de sa folle imagination, après tous ses caprices! par-tout il croit trouver le bonheur, & le malheureux n'a pas même de vrais plaisirs. Quoique le brillant de la santé, les charmes de la force & de la gaîté accompagnent son sort, à l'extérieur, il est vrai, paroît délicieux. Libre & [illegible], il semble n'exister que pour rire & s'ébattre; accueilli par [illegible], courant de fêtes en fêtes, de réjouissances en réjouissances, il n'est point de parties faites dont ne soit, ou l'acteur, ou le témoin & dans cette étonnante fécondi d'amusemens, on le croit heureux Mortels, que vous connoissez pe la félicité! que vous avez mal sond votre cœur, si vous ne le plaignez par cela même, qui fait l'objet de tous vos vœux! c'est au contraire par qu'il n'est bien nulle part qu'il par tout. Quand un plaisir nous ren heureux, on n'en cherche pas d'autres on s'y concentre, on le savoure, o en remplit tout son cœur, & dan le délicieux enchantement qu'il cause on craint même d'en être distrait.

Qu'il faut avoir l'ame seche flétrie, pour ne pouvoir s'amuser dan que tout l'univers y contribue? Ma s'il faut employer toutes vos force tout l'art humain, toute la natur pour vous procurer un court mome de joie, que restera-t-il pour le cond, pour le lendemain, pour reste de la vie? Qu'elle sera long à celui qui n'aura plus rien de veau à y trouver! Eh! si quelques chagrins, quelques reves viennent l'affoiblir, seul, ne tenant à rien, où versera-t-il ses douleurs? où puisera-t-il le courage & la consolation? N'aimant personne, qui s'attachera sincérement à lui? qui voudra l'écouter? A peine obtiendra-t-il quelques larmes stériles par le récit de ses infortunes; & sans doute elles seront données à ce retour si naturel sur soi-même, qu'excite toujours le malheur d'autrui, plutôt qu'à l'individu qui nous en attriste. Amis, vous frémissez déjà du sort de l'égoïste célibataire; & ce n'est encore rien, c'est dans la maladie, dans les souffrances, dans les longues infirmités de la vieillesse, à la mort surtout, qu'il est effrayant d'être seul, délaissé, sans secours, sans consolateur, livré aux soins lents, serviles, mal-entendus de mercenaires, qui ne soignent que le corps, quand l'ame est à l'agonie!

Mais, sans anticiper sur l'avenir,

rendons ce malheureux à la vie, & comblé des biens de la fortune & du hasard, livrons-le seulement à ses passions. Croyez-vous qu'elles le laisseront tranquille? En aura-t-il moins, que si quelque attachement remplissoit déjà une partie de son cœur? Cependant, l'homme ne peut exister sans passions, elles font partie de notre essence, & sans elles & nos besoins, nous serions des masses aussi passives que les montagnes. Mais, qu'elles sont actives, qu'elles sont fougueuses, & que cette dévorante ardeur les rend dangereuses & pénibles; car il faut les satisfaire entièrement, les épuiser, ou bien en être à jamais tourmenté, déchiré. Eh! comment rassasier l'orgueil, l'avarice, l'ambition, &c. cette foule de contrariétés que rassemble & nourrit le cœur de l'homme? Comment contenter tous ses desirs, s'ils sont aussi nombreux que ses pensées, aussi changeans que ses goûts, aussi vastes que son ame? Comment n'en être pas dévoré, si de nouveaux besoins succedent toujours avec plus d'ardeur aux besoins déjà satisfaits? Et si la mer est moins agitée dans la tempête, & le soleil, cet astre de feu, moins brûlant que le cœur de l'homme qui desire; comment maîtrisera-t-il ses passions? Vaine philosophie! science de parade! tu t'en flattes cependant; mais, combien de fois le succès a-t-il couronné tes promesses? Combien as tu formé de sages, au-dessus des passions, endurcis à leurs charmes, maîtres de leur délire? Où sont-ils ces hommes impassibles, qui voyoient l'orage se former sous leurs pieds, & dont le cœur inaltérable étoit tranquille? Ces égaux, ces émules de la Divinité, ces phénomènes, ces chef-d'œuvres, ces miracles de tes leçons? Où sont-ils depuis cinq mille ans, que les siecles se transmettent leurs histoires? Frivole phantome de l'orgueil, tu te vantes d'anéantir les passions, de nous y rendre insensibles, & tu n'as pas même la moindre prise ſur elles ; en cela plus vaine, plus impuiſſante que le tems, que l'air, que la ſuite ſtérile d'objets froids & ſans vie. C'eſt à fuir le danger que conſiſte tout ton art, & c'eſt en coupant que tu guéris. Barbare, c'eſt en nous privant de l'amour, de l'amitié, du plaiſir de ces deux élémens de la vie ; c'eſt en nous arrachant à tout ce qui nous eſt cher, en nous donnant la ſtupide inſenſibilité de la brute, que tu veux nous mener au bonheur ! O ! noms ſacrés d'époux, de pere, d'amis, de citoyens ! ô ! noms vénérés dans tous les ſiecles ! ô ! vertus ſi néceſſaires au bonheur ! qu'allez-vous devenir, ſi l'on ferme notre ame aux plus doux ſentimens ? ſi la monſtrueuſe, l'égoïſte philoſophie triomphe jamais ? O mes amis ! ô mes concitoyens ! je vous en conjure, par tous les liens qui vous attachent à la vie & vous la rendent chere, par vous-même, par vos propres intérêts ! Au nom de vos femmes, de vos enfans, de ces fruits de

...ntaisies, ne vous laissez pas surprendre à cette ennemie du bien public. Elle peut fasciner vos yeux, vous tenir quelque tems tranquilles; mais jamais elle ne fera votre bonheur, & quelque jour peut-être vous pleurerez en larmes de sang, l'instant, l'instant fatal qui lui soumit vos cœurs. Quoi qu'elle en dise, elle ne peut vous soustraire aux passions; elle desseche l'ame, elle endurcit aux malheurs des autres, & bornant à nous seuls tous nos desirs, toutes nos pensées; elle nous rend incapables du plaisir de la bienfaisance, & de l'honneur de la vertu. ...ce par elle qu'on est vrai citoyen, ... patriote, bon pere, tendre ami; ... elle, qui ne souffre aucun attachement, & que toutes les vertus ...nt de tant de siecles?

...du fol espoir d'éteindre ...passions, suivons donc l'insatiable ...de l'ambition, la sourde & dévorante inquiétude de l'avarice, l'impétueuse. . . . Je m'arrête effrayé de la tâche que j'entreprends. Eh! qui pourroit la remplir? Comment devoiler les paſſions dans leurs différents détours, leurs innombrables effets, leur étonnante variété, leur liaiſon preſque imperceptible? Ah! quand j'aurois une voix de fer..... Prenons un moyen plus court, pour ſavoir ſi elles rendent heureux. Interrogeons l'ambitieux, l'avare, le libertin, le philoſophe, l'homme vertueux lui-même; tous crient, la vie eſt un malheur! & peut-être n'y a-t-il pas ſix mois dans toute ſon étendue, où l'on penſe autrement. Qu'en conclure? Par-tout j'entends gémir, je vois des pleurs couler, j'apperçois des malheureux invoquant la mort, tout ne m'offre que l'aſpect des douleurs, & du deſir de l'anéantiſſement! Nous-mêmes, ô mes amis! combien de fois dans ces momens de ſécheresſe, de dégoût, où tout déplaît, où notre propre exiſtence nous peſe; combien nous-mêmes avons-nous formé ce vœu ſecret? Orgueilleuſe

Philosophie ! brillante chimere de l'imagination ! Quel remede offres-tu à ces vives douleurs de l'ame, à ce mal-aise interne ? Monstre, je vois ton poignard, & j'entends ta réponse ! Mais à Dieu ne plaise que j'emploie jamais cette coupable ressource ! Et dût l'ennui distiller goûtte à goûtte son poison funebre sur toutes mes heures ! je ne rendrai que sous la main de la Nature, le dépôt qu'elle m'a confié.

Que l'ennui cependant est insupportable ! Quelle langueur il répand dans notre ame ! Comme il nous mine & nous tue ! Qu'il dégoûte de la vie ! C'est la maladie la plus terrible & la plus générale. On ne peut long-tems la souffrir. Aussi, que de jours le Ciel retrancheroit de nos années, s'il exauçoit les vœux de l'ennui ! Est-il un seul homme qui ne se plaigne du présent ? Hommes civilisés, hommes sauvages, rois, bergers, magistrats, époux, célibataires, casaniers, voyageurs, tous d'une voix unanime, maudiſſent le préſent, appellent l'avenir; & dans ſes vœux inſenſés l'homme ſe trouveroit quelquefois, dans la même journée, à la fin de ſa carriere ſans avoir joui, ſi le Ciel, par pitié, ne repouſſoit ſes vœux! Cela ne prouve-t-il rien contre la vie? Et ſi elle étoit vraiment heureuſe, voudroit-on en ôter tant de ſiecles?

Interrogerois-je ſur le prix de l'exiſtence, ces malheureux qui portent tout le poids du jour & de la fatigue? Ces hommes dégradés, attachés à la rame ſous la verge d'un conducteur féroce & ſans pitié! Cette foule de victimes, d'ames ſouffrantes, que l'infortune prend à tâche d'accabler! Pourquoi vainement navrer mon ame du ſpectacle déchirant d'un brave défenſeur de ſa patrie, expirant ſur la paillaſſe dont il s'eſt nourri huit jours? De la vue d'un mari...... Leur réponſe eſt trop claire. Fuyons donc en pleurant.... Mais non! ſuivez-moi, ames de fer, hommes incroyables, qui doutez qu'il ſoit des malheureux ! Suivez-moi. Viſitons ces aſyles mal-ſains, délabrés, indignes même de loger de vils animaux, ces étages que dédaigne l'aiſance, ces hôpitaux, théatre étonnant, où la miſere & la foibleſſe humaine étalent toutes leurs horreurs, & là vous apprendrez, en friſſonnant, de quel prix eſt la vie? Deſcendons dans ces profondeurs, ces gouffres, ces tombeaux voiſins du centre de la terre; ces mines où s'engloutiſſent des générations entieres, où l'homme oublie ſon ame & le ſoleil ! Parcourons ce nouveau monde, que l'avarice peuple de malheureux enlevés à leurs parents, à leurs femmes, à leurs enfants, à leur doux climat, pour en faire, ſous un ciel inégal, des bêtes d'oſtentation & de travail ? Entrons, ſi vous l'oſez, entrons ſur-tout dans ces cachots ſouterreins, où la vengeance dévore inſenſiblement ſes victimes; & ſi vous n'en revenez pâles, oppreſſés, mal à votre aiſe pendant pluſieurs jours, & fatigués de la vie, monſtres, quel cœur avez-vous?

Quelle foule de malheureux nous offre la terre ainſi légérement parcourue! Qu'il en reſte peu pour le bonheur! A qui donc eſt-il échu? Quel mortel privilégié doit en jouir? Il n'eſt que pour le riche, me crie tout en pleurs l'indigent affamé! Non, mon ami, conſole toi : non, il n'eſt pas plus pour lui que pour toi. Si le Ciel avoit fait le bonheur ſur la terre, il ne l'eût pas accordé à ſi peu; enfans d'un même pere, notre héritage eſt le même. Souffrir & mourir voilà notre ſort; & s'il eſt quelque différence, elle n'eſt qu'apparente, ou c'eſt le fruit pénible de notre ſageſſe. Tu ne ſais pas combien l'ennui, la ſatiété des plaiſirs, l'impoſſibilité de deſirer, tourmentent ce riche qui bâille ſur ſon or, & s'effraie de la longueur du jour? Avec tout ce qu'il faut pour être heureux, perſonne ne l'eſt moins, & peut-être n'y a-t-il pas un individu à qui la vie peſe tant. C'eſt ſur-tout du ſein de l'opulence que l'on entend ſortir ces longues plaintes & ces fréquens murmures contre l'ennui de l'exiſtence, contre le vuide des plaiſirs, & la foule innombrable des maux ſans fin de la vie. Et nous pouvons l'en croire. Elle a tant de moyens de ſonder toutes les jouiſſances humaines, de les ſavourer, de ſe plonger dans le bonheur; ſon orgueil même l'invite ſi fortement à déguiſer ſes peines, à mentir (ſi je puis m'exprimer ainſi) à mentir la joie, qu'on ne doit ſans doute ſes larmes & ſes plaintes qu'à la force terrible de ſes maux & de la vérité.

Quoi, ce riche au ſein de la molleſſe, bercé par la main des plaiſirs, entouré des chef-d'œuvres de l'art & de l'amour; ce riche pour qui tout l'univers s'épuiſe, & qui paroît un Dieu, dont le monde eſt tributaire..... le croirois-je? eſt plus à plaindre que le malheureux courbé ſur une charrue, qui déchire péniblement une terre rarement ingrate! L'affiche du bonheur eſt donc bien trompeuſe? Oui ſans doute. Le plaiſir eſt une courte erreur de la Nature, qui s'achete, & dont on lui paie cherement le tribut : mais le riche refuſe de payer, & n'en jouit jamais. Suivez tous vos momens agréables, & vous les verrez preſque tous naître, ou de la ſouffrance, ou de la fatigue, ou de la privation. C'eſt par les travaux & l'épuiſement que ce malheureux journalier mérite une nuit de paix & de repos. Et tandis qu'il rentre harraſſé le ſoir, mais heureux de trouver dans un tranquille ſommeil le prix de ſa journée & de ſa vertu, le millionnaire s'agite vainement ſur ſa couche parfumée, il ne peut dormir, mille triſtes idées le déchirent, & l'infortuné pleure l'impuiſſance des richeſſes inutiles pour le bonheur. C'eſt dans la laſſitude & le beſoin, & non ſur ces tables de roſe où l'or & l'argent entaſſés, préſentent les mets les plus rares, qu'on trouve cet appétit délicieux qui donne de la saveur à tout ce que l'on mange. Croyez-vous que les liqueurs les plus agréables soient celles que l'on tire à grands frais, de ces climats pour lesquels elles étoient vraiment faites, & le pur cristal d'un vrai ruisseau long-tems souhaité, n'est-il pas le véritable nectar des Dieux au gosier brûlant du voyageur ? Enfin quel est l'infortuné qui n'a pas éprouvé quelquefois dans sa vie, combien le plaisir lui-même tire d'attraits inconcevables des peines qu'il coûte ? Aussi le plus heureux est-il celui qui le goûte le plus rarement, & qui l'achete le plus cher. Vain paradoxe si vous voulez : voilà cependant pourquoi le journalier a des momens qu'un Monarque avec toute sa puissance ne peut se procurer. Dans la vie machinale du premier, le corps travaille beaucoup, l'imagination fort peu, point de tristes réflexions; on vit au jour la journée, ou si l'esprit quelquefois devance l'avenir, c'est toujours sur la fête la plus voisine qu'il s'arrête; il y puiſe le courage & la joie, & le travail n'eſt plus que le chemin du repos & de la gaieté. Ainſi ſe paſſe chaque jour; & quand le moment de s'amuſer eſt venu, tout eſt oublié, on ne voit que le plaiſir, on s'y livre avec enthouſiaſme; & l'on ne ſonge pas heureuſement, que demain le travail & la peine recommencent. Tel eſt ſon ſort! il vous fait horreur; riche vaporeux, que penſer du vôtre?

Si, comme l'humble habitant de la campagne, vous n'arroſez pas de vos ſueurs les côtes brûlantes qui vous nourriſſent; ſi, comme lui, ſous un ciel impitoyable vos bras roidis ne ſillonnent pas les mers; ſi les fatigues du corps ſont toutes pour lui, riche, les maux plus féconds & plus cuiſants de l'imagination, ſont votre partage; & j'en frémis, car on peut échapper aux autres; mais ces derniers ſont incurables. Sous un ſimple abri de feuillage le berger rit, folâtre & méconnoît les innombrables inquiétudes

inquiétudes qui dévorent l'opulence; ses besoins, ses desirs sont peu nombreux, il éprouve moins de privations. Nulles de ces maladies de nerfs, de vapeurs, &c., & qui ne sont que les fruits amers de l'ennui, n'approchent du laborieux cultivateur; son sang épuré par le travail, circule sans obstacle dans ses veines, & colore ses joues de cette noble rougeur, marque certaine d'une bonne santé & d'un cœur content. Le tranquille aspect de la campagne, l'air pur qu'on y respire, le calme des passions, portent dans son ame un enchantement que chaque saison renouvelle. Au hameau tout respire un air serein & content, & malgré ses fatigues le laboureur, sur le declin du jour, s'y annonce de loin encore par ses joyeuses chansons, que l'écho se plaît à répéter longuement. Si l'homme pouvoit s'isoler de la veille & du lendemain, sans doute il seroit heureux sous le chaume en dépit de la Nature; & si le bonheur parfait pouvoit exiſter, c'eſt aux champs que j'irois le chercher. Où trouvez-vous en effet ces viſages pâles, , haves, deſſéchés, qui portent le mal-aiſe & l'ennui dans l'ame du ſpectateur? C'eſt à la ville. Non parmi les artiſans, non dans cette claſſe d'hommes qui vit de ſes bras; mais ſur ces élaſtiques canapés où vegete le maſſif financier; dans ces boudoirs dorés, vains temples de l'Amour, qui n'en approcha jamais; autour de ces tables de jeux où l'infâme avarice debout, l'œil en feu, ſe diſpute un vain metal. Jeune héritier, en vain tu m'étourdis du bruit de tes valets & de tes chiens; que de fois je t'ai vu, langoureux Sibarite, nonchalamment couché dans ta voiture, envier, pleurer même de la félicité des cœurs joyeux, qu'entonnoit, en riant ſur le penchant fleuri d'une agréable & verte colline, une troupe lointaine de vendangeurs, aſſis à l'ombre de quelque buiſſon de roſes, ou d'épines? Combien leur tranſport, leur gaieté naïve, leur ivresse dans les danses, te faisoient soupirer; & quand, par hazard, le tableau d'un amour rustique & sincere s'offroit à tes regards étonnés, comme dans l'amertume de ton cœur, tu t'écriois, je n'eus jamais de pareils instants! Je le crois bien. Flétri, séché par l'habitude précoce des plaisirs, le cœur veut à la fin de grandes secousses, & bientôt il n'en peut éprouver d'assez fortes. Aussi le premier malheur des gens riches, est de n'avoir de plaisirs que ceux des sens; de ne posséder que ce qu'ils possedent, sans jamais l'embellir. Le cœur, l'imagination, ne font rien pour eux, ils restent froids, morts dans leurs jouissances, & cependant c'est la source la plus féconde de nos plaisirs. Car si l'on les voyoit tels qu'ils sont réellement, en vérité ils ne nous enivreroient gueres, sur-tout l'Amour, à qui j'en demande pardon; mais sans les illusions d'une ame brûlante, il ne seroit qu'un

enfant. [illegible]
un Dieu [illegible]

Ah! qu'il est rare ce plaisir [illegible] ché, qu'il est rare sur la terre [illegible] est peu de chose par lui-même [illegible] il en effet, qu'un [illegible] que & douloureux, [illegible] long, ou trop vif, [illegible] lui que la fatigue [illegible] vuide de sa perte, [illegible] rible de n'en pouvoir [illegible] Voilà comme toutes nos jouissances empoisonnent la plus grande partie de nos jours. L'homme qui les [illegible] connoît, vit tranquille [illegible] fipide existence, ses jours [illegible] moins sans peines & sans plaisirs il ne regrette rien; mais [illegible] abreuvé des charmes de la [illegible] comment s'en priver [illegible] pas quand on a été heureux [illegible] qu'on ne l'est plus, on en gémit [illegible] voudroit couler toutes ses heures [illegible] les délices, y passer sans [illegible] même activité, toujours les [illegible] nouveaux, & s'endormir dans [illegible] flatteur d'un reveil agréable. Quel fol espoir ! Eh ! de quoi se lasse-t-on le plutôt, que des plaisirs, dont le cercle est si petit, & qu'on a parcouru si vîte ? Avec quel art barbare la nature l'a retréci, tandis que nous en sommes insatiables ! comme elle s'est plû à nous donner plus de desirs que de forces, à nous faire un tourment de notre foiblesse ; & que nous sommes foibles pour les goûter, tout rares qu'ils sont ! Que dis-je ? le plaisir est si voisin de la douleur, qu'elle n'a pas même daigné nous donner une marque particuliere pour l'exprimer ; elle en a confondu les signes & l'existence ; & dans les ravissemens du bonheur, nous versons des larmes comme dans l'excès du désespoir. Elle a fait plus ; on ne peut supporter long-tems le plaisir, il dévore, son absence est un supplice ; ainsi de quelque maniere que l'on se conduise, plus habile elle a combiné notre perte ; & tout doit mener aux souffrances.

Eh ! voilà cependant les précieux avantages de cette ame que tu vantes tant ! Homme, sonde-la donc cette ame inconstante & legere ; cette ame que la durée du bonheur rassasie & dégoûte ; cette ame qui se mêle dans toutes tes jouissances, & en fait l'aliment de tes maux ! D'abord elle paroît un présent céleste, fait pour éterniser les plaisirs, pour les ennoblir, pour leur donner du prix ; & dans les premiers jours, on en bénit l'activité, on dédaigne, on plaint l'être machinal qui n'a qu'une vie physique ; son sort fait horreur ; & ce n'est qu'après une longue & cruelle expérience que nos yeux se dessillent & connoissent, avec surprise, la source fatale de nos maux.

Sans notre ame & ses passions, tous nos besoins se borneroient à ceux du corps. Ils sont en si petit nombre, & si faciles à contenter, que leur retour & leur variété ne serviroient qu'à multiplier nos plaisirs ; & dans cette douce occupation nous trouverions un facile bonheur : Car l'habitude, loin de les émousser, ne les rend que plus nécessaires & plus flatteurs; leur approche n'a rien d'âcre au contraire. Au-lieu que la faim des passions (si je puis m'exprimer ainsi) a des pointes déchirantes, & s'annonce avec fureur; les nécessités physiques, calmes à leur naissance comme dans leur empire, n'ont rien que d'agréable & d'enchanteur à leur arrivée. C'est par le plaisir, par une douce sensation, qu'elles se font connoître; nulle peine ne les précéde, mais toujours le bien-être & l'aisance : & si l'on ne peut les satisfaire sur le champ, elles s'appaisent & donnent le tems de s'y préparer. Enfin opposées en tout aux fougueux emportemens de l'ame, montées à leur plus grande véhémence, c'est par un épuisement insensible qu'elles vous détruisent, tandis que les passions vous font expirer avec horreur dans la rage & le désespoir. Toutes les opérations du corps sont douces & réglées;

toutes celles de l'ame ne sont qu'emportemens & saccades ; elle va par bonds, & trouble presque toujours l'économie de notre machine. Sans elle, la vue, l'ouïe, l'odorat, le goût, le toucher, au-lieu de nous plonger dans l'amertume, seroient autant de portes, par où le plaisir & la joie entreroient dans nos veines ; toutes nos jouissances ne varieroient pas au gré de son état ; & jamais une belle femme ne prendroit à nos yeux l'aspect repoussant d'une furie. Une rose, quoique dans des mains infidelles, nous charmeroit toujours par son parfum ; & jamais, bien sûrement, près d'une bonne table on ne s'aviseroit de mourir de faim, parce que deux beaux yeux auroient souri à quelqu'autre. Le délire & la stupidité du corps sont rares ; mais non pas ceux de l'ame.

C'est dans l'ame que toutes les passions germent & regnent avec tyrannie. Le corps n'en a point. Est-il ambitieux, avare, orgueilleux par lui-même?

lui-même? L'amour qui ſemble appartenir de plus près aux ſens, ne ſeroit qu'un beſoin paſſager pour lui, ſi l'imagination n'aigriſſoit, n'embraſoit les humeurs; & ſi les ſens paroiſſent quelquefois ſervir l s paſſions; c'eſt toujours par une ſuite du premier effet de ces paſſions, qui les alterent & les corrompent à un point incroyable. Auſſi eſt-ce à l'intempérie de nos deſirs, qui infectent notre ſang d'un poiſon fermenté, que nous devons la plus grande partie de nos incommodités. Le corps par lui-même eſt ſujet à peu de maladies; l'exercice & la Nature ſuffiroient pour diſſiper nos humeurs, & nous purifier des vices d'une nourriture quelquefois mal-ſaine; la plupart, comme les animaux, ſe diſſoudroit alors, petit-à-petit, ſans douleur, & preſque ſans s'en appercevoir. Tous ces vieillards, ces centenaires, ces monumens auguſtes de la ſageſſe du premier âge, ont tous eu une jeuneſſe tranquille & ſans paſſions. Dans l'âge de la décrépitude ils étonnent par la majesté & la force de leur démarche; & semblables à ces vieux chênes, dont s'honorent les montagnes, leurs têtes vénérables & sillonnées par les ans, s'élancent encore avec fierté vers le Ciel qui les admire. Ne croyez pas trouver les mêmes phénomenes parmi les cœurs dévorés de passions, ils sont tous vieux de bonne heure, & meurent enfants. Mais à qui donc attribuer cette avidité meurtriere des plaisirs? Le corps ne desire pas les voluptés qu'il ne peut goûter. Calme dans son affaissement, leur absence n'est même pas un tourment pour lui, il n'a plus faim, sa satiété fait son bonheur, & ses desirs ne renaîtront qu'avec ses besoins; telle est la marche, marche sûre, marche universelle, marche constante, sans laquelle tout animal se détruiroit bientôt. Car si les forces du corps répondoient à l'appétit de l'ame, l'ardeur insatiable des plaisirs nous auroit bientôt conduit à la mort. Et c'eſt aſſez qu'ils nous tourmentent ? O volupté, tes deſirs ! voilà ton but !

Remarquez - vous à qui l'empire & l'activité ſont donnés ? C'eſt à la partie la plus ſenſible, la plus deſirante, la plus difficile à contenter, afin, ſans doute, que le bonheur ſoit plus impoſſible à trouver. Auſſi quand le phyſique eſt ſatisfait, on n'a que la plus petite partie de ce qu'il faut pour être heureux. Car tant que l'ame deſire (& toujours elle deſire) elle compte pour rien, elle n'apperçoit même pas le bien-être du corps; ſes jouiſſances, ſon contentement, ne lui font rien, elle s'en aigrit au contraire, elle en fortifie ſes deſirs, & finit enfin par le replonger dans le déſordre & la ſouffrance. L'ame peut tout ſur le corps, & le dernier preſque rien ſur elle. Je me trompe, il y peut pour la douleur. Le moindre mal, le plus petit beſoin, le plus leger dérangement, tourmente l'ame, tandis que tout le délire des voluptés les plus brûlantes du corps la laiſſe froide & dans l'ennui.

O quel chef-d'œuvre! que l'union de deux choſes ſi diſſemblables, ſi peu faites l'une pour l'autre! mais quelle ſuite funeſte, quel tourment pour les deux. Eh! par quelle fatalité la douleur ſeule leur eſt-elle commune, tandis que leur goût, leur activité, leur ſenſation, ſont ſi différentes? Auſſi qu'il eſt rare de trouver ce moment heureux d'un accord parfait, qui laiſſe ſavourer paiſiblement le plaiſir. Souvent quand l'ame eſt diſpoſée à la joie, le corps ſouffre, ou ſe refuſe, par foibleſſe, au bonheur. Il n'en peut approcher, & brûlé de vains deſirs, l'impuiſſance en fait le déſeſpoir des deux.

Comme le corps & l'ame ne ſemblent ſe communiquer que par la douleur, les ames entr'elles ne retirent non plus que de l'amertume de preſque toutes leurs unions. En effet, quand on aime, il n'eſt plus poſſible de reſter tranquille. Il faut toujours craindre, eſpérer, être hors de ſoi : ce ne ſont plus nos plaiſirs qui nous touchent, mais ceux d'autrui ; tandis que rien ne nous rend étranger à nos ſouffrances, & que nous joignons encore à leur déchirement le poids inſupportable des maux des autres. Quel partage inégal ! N'étoit ce donc pas aſſez, que chaque attachement, chaque jouiſſance fuſſent empoiſonnés de la crainte, ſans l'être encore par une amertume étrangere ? Non ſans doute ; & quel autre but pourroit avoir une ame ſi ſenſible, ſi déliée, qui peut nous fournir d'autres douleurs que les phyſiques. Auſſi vois-je peu de ſes opérations qui n'en ſoient la ſource.

Ame trop active pour nos foibles organes ! Foyer brûlant de nos paſſions, ſi tu ne récélois que l'amour & l'amitié, malgré leurs peines nombreuſes, qu'il me ſeroit pénible de ne te pas louer ! Mais pour ces deux ſentimens, qui nous font paſſer quelquefois des heures ſi délicieuſes, quelle foule d'autres tu nourris, dont la rage infernale empoisonne notre vie! Non; je ne pourrois jamais, je le sens, te pardonner ces noires trahisons, ces dévorantes jalousies, tous ces sentimens haineux & bas, que nous méconnoîtrions sans toi, & que toi seule peut-être est capable d'enfanter. Les nommerai-je tous ces tristes enfants de ta fatale fécondité? Eh pourquoi? Assez d'autres l'ont déjà fait. Qui ne connoît la sombre mélancolie, l'insatiable curiosité, l'orgueil, la jalousie, l'ambition, la haine, l'envie, l'avarice, la fausseté, l'ingratitude, la noirceur, la trahison, la cruauté, l'impiété, l'impiété qui sur les autels saisissant d'une main fanatique le vain simulacre des Dieux, croit, en le brisant, anéantir la Puissance incompréhensible qui régit les Spheres célestes? Qu'elle seroit infinie la liste inépuisable des maux & des passions de l'ame? A qui devons-nous ces vaines sciences, ces pitoyables erreurs, ces ridicules chimeres, pour lesquelles

les hommes s'égorgent mutuellement ? Ces mortelles frayeurs, ces pressentiments plus affreux souvent que les coups qu'ils annoncent ? Qu'est-ce qui fait notre malheur enfin, quand nous ne souffrons pas ? Nos corps n'étoient soumis qu'aux douleurs de la fievre, ou de la colique ; & ce sont les moins à craindre maintenant. Grace à cette ame si sensible, il en est de plus cruelles, de plus déchirantes, & dont l'impression se se prolonge au-delà même de la cause qui l'a produite. Quand la flèche est retirée du sein qu'elle a percé, la plaie se referme, se cicatrise & devient insensible ; mais les blessures de l'ame ne se guérissent jamais bien ; prêtes à se rouvrir aux moindres coups, elles frissonnent de la plus légere approche, & toujours quelque reste de sensibilité les rend pénibles & douloureuses.

Que de moyens rassemblés pour nous tourmenter ! Que d'art dans le choix, dans le nombre, dans la place qu'ils occupent ! C'eſt en nous mêmes que ſont placés les inſtrumens les plus aigus de notre malheur, de peur que nous les évitions. Amis, je vous le demande, quel inſtrument, pour trouver la félicité, qu'une ame foible à la joie, ſtérile dans le plaiſir, ſans force pour le bonheur, qui en eſt écraſée, anéantie, qui en doute, ou s'y habitue, & n'en connoît tout le prix qu'en le perdant. O qu'elle agit bien différemment dans la douleur ! qu'elle eſt brûlante ! quelle activité, quelle force, quelle ſource inépuiſable de ſenſibilité, quand il ne s'agit que de ſouffrir ! Elle ſe multiplie, ſe développe, s'arme de toutes ſes facultés, & ſemble ſi bien faite pour la ſouffrance, qu'elle cherche même des raiſons pour l'éterniſer, pour la prévenir. Quand, fatigués du vain fracas du monde, nous nous abandonnons à de douces rêveries, c'eſt vous que j'en atteſte, ames ſenſibles ! Quel eſt le plus ſouvent l'objet de vos méditations, le point auquel vous revenez toujours, la derniere de vos penſées? Dédaignant les objets riants & flatteurs, ſtérile écorce que l'on ne peut creuſer, c'eſt dans les réflexions les plus ſombres, ſur les objets les plus lugubres, ſur le triſte terme de la vie que votre vue s'arrête; vous trouvez un plaiſir délicieux à donner des larmes aux malheurs de l'humanité, aux infortunes de vos amis. La douleur nous ſemble naturelle. L'ame s'abandonne avec nonchalance dans un ſujet triſte, elle s'y complaît, s'y arrête, & ſans effort, ſans contrainte, elle peut s'en occuper tout un jour : long-tems il lui paroît nouveau. C'eſt avec volupté qu'elle s'enfonce dans l'épaiſſeur d'un bois, dans les cataſtrophes effrayantes d'une hiſtoire, dans tout ce que l'imagination peut enfanter de plus morne; & de-là naît cette douce mélancolie, délice incomparable quand elle eſt volontaire.

Par quelle fatalité nos plus agréables ſenſations naiſſent-elles de la triſteſſe, & pourquoi faut-il que nos plus vrais plaiſirs nous y conduiſent toujours? L'ame n'auroit-elle qu'une maniere de ſentir; & la douleur eſt-elle ſon ſeul attribut? Tout ſemble le prouver. Dans les brûlantes converſations de l'amour, dans le mol épanchement de l'amitié, dans ces extaſes où les ames confondues n'ont plus rien que de céleſte : que de fois l'incertitude de l'avenir, la crainte d'un malheur inattendu, la triſte idée de la mort, de ce terme inévitable, qui rompt les liens les plus chers...... O mes amis! mon cœur ſe gonfle, mes pleurs inondent ce papier! je ſens toute l'horreur de cette vérité cruelle! couvrons là donc des voiles les plus épais, & ne ſondons pas toute l'horreur de notre ſort. Il ſeroit trop affreux!

Ah! plutôt perçons dans l'avenir, ſans trop voir quelle place nous occupons ſur la terre, ſans jamais nous comparer aux autres, & ſur-tout ſans trop creuſer le bonheur! Qu'importe en effet, que nos plaiſirs aient quelque ſolidité, pourvu qu'ils n'amenent jamais le remords après une journée flatteuſe. Aidons plutôt à l'illuſion, & trompons-nous nous-mêmes, s'il le faut. Vain eſpoir! vœu frivole! Le ſage auroit alors un moyen d'échapper au malheur. Le téméraire ſeul & le ſtupide emportés par d'inſenſés deſirs, haleteroient ſous le fouet déchirant de l'infortune ..... mais la force du corps, la fougue des ſens, l'impétuoſité du caractere, l'ardeur de l'imagination, la ſenſibilité de l'ame, que ſais-je enfin! Les qualités inalliables des deux ſubſtances qui nous compoſent, tout juſqu'aux circonſtances mêmes; tout eſt ſi bien mélangé, que ſouvent on n'eſt pas le maître de vouloir ſon bonheur. J'en pourrois apporter pour preuves la vie d'une foule de gens honnêtes, plongés dans les plus affreux revers par un enchaînement de circonſtances, que n'auroit pu prévoir toute la ſageſſe humaine. Car il eſt à remarquer, que rarement un coquin éprouve de grandes infortunes, & que ces ſituations effrayantes, ces révolutions, ces hiſtoires, tiſſu horrible de malheurs, qu'on ne peut entendre ſans friſſonner, ont toujours pour héros des cœurs dignes d'un autre ſort. Comme ſi le malheur s'enorgueilliſſoit de pourſuivre la ſageſſe, la vertu, qui lui ſont livrées quelquefois comme en épreuve. Ceſſons donc de lutter contre le ſort. Comment échapper à ſes coups, comment même l'eſpérer? Quand on voit Epictete dans les fers, Socrate mourant en priſon, & Caton, Caton ce temple de la vertu, déchirant ſes entrailles pour échapper aux perſécutions de ſes ennemis.

Quel décourageant tableau nous offre l'hiſtoire! rarement on a le conſolant plaiſir d'y voir l'honnête homme mourir paiſiblement dans ſon lit, au ſein de ſa famille, & de ſes Dieux tutélaires. Il ſemble même que le malheur pourſuive avec plus d'acharnement les bienfaiteurs de l'humanité; ces mortels dont l'ame compatissante ne veilloit qu'au bonheur de leur frere; ces martyrs (oserois-je les nommer ainsi) ces martyrs de l'humanité! Mortels, ils vouloient ôter quelques malheurs de la vie vous rendre heureux. Eh! vous les avez persécutés. Pardonnons-le au sort, il se vengeoit : Mais, vous! ...... ingrats! qu'il est souvent cruel de vous être utile! Quoi, nous avons si peu de tems à passer sur la terre, voyageurs communs, nous suivons tous le même chemin; & dans ce court trajet, au-lieu de nous aider mutuellement, insensés, nous ne cherchons qu'à nous nuire, qu'à nous tourmenter, qu'à rendre notre sort plus affreux. Quel autre but pouvoit-il y avoir, en nous rendant la société nécessaire par notre foiblesse & nos besoins, que de nouveaux tourmens, de nouvelles épreuves; & dès-lors, nous ne devions pas errer paisiblement à l'aventure, comme les oiſeaux & les lions. C'eſt même l'eſpoir du bonheur & du bien être qui nous réunit, & que ſont voilés les maux innombrables qui doivent en réſulter.

Sous quelque aſpect que je conſidere la brute, il faut donc qu'à la honte de mes ſemblables, je la trouve toujours ſoumiſe à moins de maux, & plus heureuſe que nous! Tandis qu'errant au gré de ſes caprices, elle trouve par-tout une facile nourriture, nous n'achetons la nôtre qu'au prix de nos ſueurs & de nos peines. Le front humilié vers la terre, il lui faut arracher en haletant le ſoutien de la vie, ou par un vil eſclavage, gagner de ſes ſemblables une chétive nourriture, arroſée de ſes pleurs. Et ſouvent encore, malgré le travail le plus obſtiné, mourir de faim à la porte d'un grand qui regorge de richeſſes! Eſt-il rien de pareil chez la bête la plus ſauvage & la plus malheureuſe? Chez celle que la Nature a le plus diſgraciée? Quoi, l'homme avec ce génie élevé, qui commande à tout, & semble, pour ainsi dire, rapprocher les cieux à son gré, l'homme ne peut égaler la félicité de l'animal, qu'il méprise & qu'il enchaîne. Né, comme lui, dans la fange, avili par les mêmes besoins, plus hideux, plus méprisable dans sa vieillesse, ils meurent, leurs cadavres se confondent, les mêmes vers s'en nourrissent. Eh! quelle preuve alors de notre supériorité, que les ingénieux mensonges d'un orgueil si souvent désavoué par l'expérience!

Homme, ne crois pas cependant, que la douleur te soit particuliere: Les bêtes, les reptiles, les insectes, les arbres, tout jusqu'aux plantes, tout souffre ici-bas; & l'univers n'est que le vaste théatre d'un malheur continuel. Que penser en effet du trouble qui regne sur la terre? Le désordre & la douleur semblent les seules loix de l'univers. Par-tout ce n'est que cahos & confusion. C'est le poiſon près de la ſubſtance la plus ſaine, le feu près de l'eau, le mol ſur le dur, le ſable le plus leger écraſé par les maſſes les plus lourdes & les plus compactes; tout ſemble enfin arrangé pour le ſupplice de ce qui n'eſt pas inſenſible. Qui le nieroit, à voir cette foule d'élémens qui ſe heurtent, de paſſions qui ſe nuiſent, de plantes qui s'étouffent, d'inſectes qui ſe font la guerre, d'animaux qui ſe mangent, d'hommes qui s'égorgent. Tout ſemble oppoſé dans l'univers; êtres animés ou non: tout tend à la deſtruction de ſon ennemi; tout s'agite pour l'accabler, & l'on diroit au premier coup d'œil, que c'eſt là le ſecret de ces efforts en tout genre de mouvement perpétuel, que nous admirons avec étonnement. Soumis à des loix inaltérables, les plantes, les végétaux, les animaux, ſans doute, obéiſſent à l'Ordre éternel, ſans pouvoir lui réſiſter. Incapables de réflexions, leur volonté méchanique ne peut non plus s'écarter s'écarter de la regle tracée, que le ſoleil de ſon orbite; & dès la naiſſance du monde peut-être leur ſort eſt décidé. Mais nous qu'honore la liberté du choix, nous créés pour l'héritage du Ciel, notre deſtinée quelquefois ſeroit-elle invincible, comme celle de Job? Si le Ciel veut nous éprouver, en vain, comme le chêne battu par les tempêtes, nous nous agitons, c'eſt ſans pouvoir ſortir de la place qui nous eſt aſſignée. Autrement, comment expliquer les vaines conjectures de la plus longue expérience, de la ſageſſe la plus conſommée? Combien même périſſent en croyant éviter le malheur & ſervent les vues ſecrettes du ſort par leurs combinaiſons? Il ne dépend donc pas de nous de goûter aux rares plaiſirs ſemés ſur la terre; & ſi le malheur vous pourſuit, en vain, comme Oreſte, vous mettrez tout en uſage pour le tromper, il triomphera. Les animaux eux mêmes en ſont une preuve. Le jeune dogue apperçoit-il un loup, ſes yeux s'enflamment, ſon poil ſe hériſſe, de ſourds grognemens animent ſa voix encore foible, il brûle de combattre ; & ſans avoir conſulté ſes forces, le malheureux s'élance machinalement ſur ſon intrépide adverſaire, qui d'un ſeul coup de dent l'éventre, & ſe repaît de ſes entrailles palpitantes. Le vainqueur n'étoit-il pas nommé avant le combat: Eh ! pourquoi ce doux ſymbole de la fidélité n'eſt-il armé que d'armes impuiſſantes, qui ne font que rendre ſa mort plus longue, plus douloureuſe, en l'excitant à une vaine défenſe.

Croyez vous que cette déplorable victime, d'un inſtinct forcé, n'ait pas cependant ſenti toutes les angoiſſes de la mort; qu'elle ait été inſenſible à toutes ſes bleſſures, & que les ſouffrances horribles, qui accompagnent toujours la déſtruction d'un être organiſé, ne ſe ſoient pas fait ſentir juſqu'aux plus petites extrémités! Je vous le demande? Pouvoit-elle cependant éviter ſon ſort?

Hélas! elle y couroit aussi forcement, que la pierre suit, en quittant la fronde, l'impulsion qu'on lui donne!

Eh! que penser en voyant tant de foibles créatures, faites pour être un aliment, & revêtues, par malheur, de la sensibilité? Que penser de voir naître chaque jour tant d'animaux, faits seulement pour être mangés? (car il n'est aucune espece qui n'en dévore d'autre, ou qui n'en soit dévorée.) Et de peur que les périls du combat, ou l'horreur de boire le sang des membres encore palpitants, n'étouffât cette loi, elle a fait de la faim le besoin le plus impérieux. Depuis le superbe lion, la terreur des sables de Lybie, jusqu'à l'humble insecte, tout se nourrit de sang & de cadavres. C'est par des milliers de meurtres que les animaux trouvent chaque jour leur subsistance. Chaque instant voit naître & périr une foule d'individus engloutis dans les entrailles d'animaux, qui bientôt seront dévorés à leur tour, & sans cette circulation horrible d'assassinats journaliers, le monde seroit un vaste desert.

Peut-on de sang-froid supporter un pareil spectacle ? tout regorge de cadavres & de sang. Tout est dans un état de guerre, de convulsion perpétuelle; & le bonheur ne semble fait pour aucun des enfans de la Nature. Foibles animaux, puisque vous n'avez qu'une vie, que n'est-elle heureuse! Au-lieu d'être pêtris avec tant d'art, d'avoir des organes si déliés, un moral capable de crainte, de sensibilité, que n'êtes-vous des masses informes, comme la pierre! sans murmure, sans douleurs, alors vous eussiez rempli votre destinée! Mais puis-je, sans fondre en larmes, entendre les plaintifs bêlements de cet innocent agneau qu'on égorge, & sans frémir, voir tant de sang couler; le blé, le gland, sont insensibles; & plus des trois quarts de la création n'en mangent pas!

Bénis donc maintenant, bénis cette loi superbe, qui fait naître les moucherons, dans le tems où leur mort est la plus certaine, par l'accroissement de leur ennemi. Admire cet ordre qui fait pulluler les animaux, quand ils sont nécessaires à la nourriture de quelques autres ; & les place toujours dans les climats, & près de l'espece qui doit les dévorer. Vante enfin la regle admirable, qui rend toujours plus foible l'espece qui doit être mangée. Pour moi je ne puis m'empêcher de desirer au fond de mon cœur, que cela ne fût autrement, s'il étoit possible.

Ce fidele compagnon des travaux de l'homme, le bœuf, & quelques especes plus favorisées encore, innocentes de tant de carnage, paroissoienr devoir au moins échapper à tant de malheurs Nourries innocemment de gazon & de rosée, leur douceur sembloit devoir les mettre à l'abri de cette fin horrible : mais l'homme ingrat, est le bourreau de ces êtres foibles & sans défense. Il les rassemble, il les enchaîne, & le monſtre ſaiſiſſant le timide agneau qui bondit ſur les fleurs, l'arrache à ſa mere, qui l'appelle à grands cris, & l'égorge froidement. Voilà quel ſpectacle offre tout l'univers !

La douleur ſemble même s'inſinuer juſque dans les plantes, & détruire leur organiſation. Voyez ſe flétrir l'aimable roſe, piquée à ſa racine par un ver. Juſqu'au haut de la tige la douleur monte, la reine des fleurs pâlit, ſe panche, ſe fane, & tombe ſouillée de pouſſiere. O terrible inconſtance du ſort ! à quoi tient le bonheur & l'éclat ! Un ver, un foible inſecte, détruit le chef-d'œuvre de la terre, & le diadême de l'amour ! & le chêne, qui de ſa tête altiere bravoit naguere tout l'effort de la tempête, ſous les coups d'un ſi foible ennemi ſouvent tombe, tant il en coûte peu à la Nature pour détruire, tandis qu'elle met des ſiecles à perfectionner ſes ouvrages. O roſe ! ô frêle ſymbole de la beauté ! tu t'épanouis ſous les baiſers du Zéphyr, tu te reſſerres en pâliſſant à l'approche de l'orage ; fiere d'embellir un beau ſein, tu ſembles t'animer d'une plus vive couleur, d'un parfum plus enivrant, tout annonce en toi le ſentiment ; & de froids détracteurs nieroient que tu ſois ſenſible à la mort. Eh ! venez donc près de la tendre ſenſitive ! venez, voyez avec quelle rapidité elle fuit & votre approche & votre haleine ! Comme elle ſe flétrit ſous votre main, tout marque ſon mal-aiſe, ſes ſouffrances, qui ne pourroient être longues ſans la faire périr ; & ce bouleverſement pénible arriveroit ſans être ſenti ! Quelle erreur ! Dans les plantes n'exiſte-t-il pas un développement, une circulation, une ſuite de fonctions, comme en nous ? Ne ſont-elles pas organiſées avec le même art, & ſuivant les mêmes loix, que nos corps ? N'éprouvent-elles pas des maladies, des dépériſſemens progreſſifs, & parce qu'elles ne témoignent pas leur douleur par des cris, nous les croyons inſenſibles ? Eh ! d'où viendroit alors leur foibleſſe, leur changement de couleur, la perte de cet éclat vif, inimitable, de cet air de force, de vigueur, qui les décore dans leur ſanté. Nous-mêmes, quand nous ſommes bien malades, comment témoignons-nous nos ſouffrances, ſi ce n'eſt par les changemens extérieurs? Les larmes ne coulent pas alors; nous dépériſſons. Pourquoi dans des effets ſemblables ne pas ſuppoſer les mêmes cauſes. Si vraiment elles étoient inſenſibles, que de victimes plus heureuſes que nous, euſſent échappées à la douleur. Mais, que dis-je, elles ne le ſont pas. Toute l'antiquité ne l'a-t-elle pas cru? Et ſous ces charmantes emblêmes de Nymphes changées en fleurs, de belles cachées ſous l'écorce des arbres, ne devrions-nous pas le reconnoître, ſi, comme de folâtres enfans, nous ne nous arrêtions toujours à l'écorce des choſes?

Enfin le ſort ne ſemble pas ſe contenter de ſes malheurs particuliers, il nous pourſuit par des ſecouſſes générales, & quelques déſordres apparents paroiſſent

paroissent l'excuse qu'il s'est menagée pour ces catastrophes effrayantes, qui désolent si souvent à la fois une grande partie de la terre. Infortunés habitans de la Calabre! quelle preuve terrible vous en offrez! que de milliers de victimes ont péri dans ce jeu de la Nature! quelle foule de malheureux engloutis tout vivants dans les entrailles brûlantes de la terre, au moment même peut-être qu'ils se louent de leur bonheur. Chacun fuyoit en tremblant ses toits entr'ouverts; c'étoit en vain: mille gouffres s'ouvroient sous les pas des fuyards; & la mere échevelée, courant retirer sa fille ensévelie sous les décombres de sa maison, tomboit elle-même, dévorée par les flammes. Dans ce désastre effrayant, race future! croirez-vous, qu'il s'est trouvé des monstres assez farouches pour piller & massacrer les malheureux, qui se sauvoient des volcans, & que parmi ces tygres étrangers à l'humanité, une femme, une femme ſeule ſoit périe victime de la tendreſſe maternelle? Mere unique en courage! Mere plus reſpectable, plus étonnante, plus ſublime, que ces vils héros qui bravoient la mort pour un vain metal, ou de futiles lauriers! Que ton nom ſoit à jamais connu! qu'il paſſe de bouche en bouche, à la derniere poſtérité, qu'il devienne l'éloge, le ſurnom des meres les plus vertueuſes, qu'on t'honore à l'égal des plus grands noms; & qu'il ſoit défendu au crime de te porter, même de te prononcer. Sublime Spapara, un oubli honteux a preſque déjà flétri ton nom vénérable! Les hommes ingrats aux bienfaits ne ſe rappellent que les vainqueurs qui les écraſent: la peur fait plus ſur leur eſprit que la reconnoiſſance. Mais ſi mon génie ſeconde mes efforts; ſi la vertu, l'enthouſiaſme que tu m'inſpires, peuvent élever mes chants, je te reſſuſciterai, je t'éterniſerai, j'en jure par tes Mannes ſacrés. En vain les honneurs & les richeſſes ne tombent que ſur les flatteurs du crime & des plaisirs; je dédaigne ces mercenaires récompenses qui déshonorent, & payé par le contentement & la paix de mon ame, c'est au bien de l'humanité, c'est à sa gloire seule, que je consacre mes veilles. Qu'un autre, à force d'intrigues & de bassesse, s'immortalise quelques années : moi, c'est chez nos derniers neveux que je prétends dresser le monument de ma gloire, & il n'en est pas sans la vertu.

Que nous passons rapidement sur la terre, ô mes amis! & que la vie est peu de chose. A peine on touche à sa perfection, qu'il faut dépérir, & dans le peu de momens qui composent notre existence, les trois quarts sont encore perdus, on n'en jouit pas. L'enfance, les maladies, la contrainte, le sommeil, la vieillesse, les infirmités, nous en dérobent la plus grande partie; le reste se perd souvent à courir après le bonheur; & dans quatre-vingts ans de la vie la plus fortunée, à peine l'homme jouit-il réellement de trois ou quatre ans. Qu'avions-nous besoin de tant d'années pour souffrir ! c'étoit aux seuls momens de bonheur qu'il falloit borner nos jours ; de bonheur ? Que dis-je, insensé ? En est-il quand il doit finir ; & quand il n'y auroit d'autre malheur que la mort, cette vie ne seroit-elle pas encore un supplice ? Quel plaisir résisteroit à l'idée affligeante de sa destruction ? Qui n'en est déchiré ? Et peut-on réfléchir un instant à son sort, sans que tout nous y rappelle ! L'univers est le temple de la mort : de tous côtés elle y suspend les marques de ses victoires. Quelle foule de tombeaux, de débris, de cadavres, d'ossemens tristes, restes de nous, de nous, qui bientôt ne serons aussi qu'une insensible poussiere, dont les vents se joueront.

Enfin nous y touchons à cette heure fatale ! il n'y a qu'un instant encore, que l'homme plein de force & de vie, sembloit devoir survivre à tout ce qui l'entoure. Sa démarche altiere, son regard ferme, brûlant l'air de majesté, répandu sur toute sa personne; le vif coloris de ses joues, tout annonçoit le chef-d'œuvre de la création. Les élémens vaincus, la terre embellie, la nature domptée, paroissoient prouver & sa puissance & son immortalité. Maître de l'univers, il en étoit le plus bel ornement; on l'eût pris pour un Dieu : c'est un cadavre! Foible, courbé, sans chaleur, le front chauve, l'œil terne, la tête jaune & ridée, ce n'est plus que l'ombre de cette belle créature, dont l'univers s'honoroit. A peine conserve-t-il encore quelques traits, qui puissent le faire reconnoître; sa peau seche, durcie, a le jaune de l'argille, & semble déjà se changer en poussiere; ses membres jadis arrondis, potelés, n'offrent plus qu'un sec amas d'os & de nerfs, & tout son corps ressemble à ces tristes squelettes, emblêmes hideux de la mort. Au-dehors, au-dedans, tout l'avertit de sa fin prochaine, tout l'en entretient; & désormais il ne voit plus rien, qui ne lui ſoit un objet de comparaiſons attriſtantes.

Quelques liens précieux, il eſt vrai, l'attachent encore à la terre. Une femme chérie, des enfans à placer, un bien à mettre en ordre ; ces ſoins font diverſion, ſans doute, à ſon état ; mais que cette diverſion eſt ſouvent cruelle ! Dans un âge où les forces diminuent, où les organes s'affaiſſent & s'affoibliſſent, où le beſoin & la pareſſe rendent la paix ſi délicieuſe, qu'il en coûte pour ſe replonger dans le tumulte du monde, pour s'attacher à ſa maiſon, & ſécher en vain à la porte des Grands. Qu'il eſt dur de perdre tout un jour dans de fatiguantes intrigues, & d'eſſuyer encore les refus & les humiliations ſi communes à la Cour ! Jamais cependant l'ardente ambition ne maîtriſe avec plus d'empire ; cet âge eſt ſon regne. Le beſoin que l'ame a des paſſions, l'impoſſibilité de ſuffire alors aux fatigues, aux plaiſirs des autres qui demandent des ſens ; le deſir, la nécessité de s'arracher à soi-même, d'être encore quelque chose ici-bas; le genre de peines qu'exige l'ambition, si conformes à la vieillesse patiente, adroite, entêtée, l'orgueil enfin, seule consolation, seule jouissance de notre hiver, tout m'en explique assez la raison. Eh! voilà comme la Nature assimile, proportionne au peu de forces qui restent, les tourmens de cet âge! Il n'est donc point de treve avec la douleur jusqu'au tombeau? C'est là seulement que nous en serons délivrés; & semblable à ces mers orageuses, que des voyageurs sont forcés de traverser, pour rentrer dans leur chere patrie: la vie, hélas! n'est donc qu'une route pénible, qui doit nous rendre encore au repos & au bonheur, si nous le méritons?

La longue foiblesse de l'enfance se prolonge souvent jusqu'à la vieillesse des peres; & l'embarras de les placer succede aux soins de les élever. Mais que de peines, de ſoins, d'angoiſſes, de larmes de toute eſpece, ont précédé ce moment critique! Combien de fois courbé, les cheveux épars, les mains immobiles vers le Ciel, un tendre pere a-t-il pleuré ſur la tombe de ſes enfants? Combien en a-t-il perdu, pour en conduire deux ou trois (peut-être) à cet âge? Combien a-t-il ſouffert de leurs maux, & combien la crainte, l'horrible crainte de les voir mal-tourner, a-t-elle déchiré ſon ame ſenſible? En vain il employoit tous ſes ſoins, ſes talens, ſes heures, à les ſuivre, à les former, un naturel féroce, enclin au crime, réſiſtoit à ſes tendres remontrances, & l'abreuvoit de douleurs! Voyez donc combien le titre ſeul de pere (titre cependant le plus doux) apporte de tourmens? Eh! quand après une longue ſuite de peines & d'inquiétudes, on alloit recueillir le fruit de ſon ouvrage, & ſe faire des amis véritables de ſes enfants, on les perd; & l'homme retombe dans une ſolitude pire que celle du premier âge.

Ne vous fiez donc plus aux apparences ; toujours la Nature les rend trompeuſes; & plus elles cachent de douleurs, plus elles mentent. Eh! qui reſſent, je vous le demande, une joie plus vive, plus ſincere, à la naiſſance des enfans que la mere? Le plaiſir raſſemble toute ſa force, ſon délire, dans le cœur des femmes, pour les exciter à devenir meres; la plus invincible illuſion les y porte, & les infortunées ne retirent que douleurs & larmes de ce nouveau titre; c'eſt même en elles que le déſeſpoir éclate avec le plus d'horreur, à la perte des pénibles fruits de leurs entrailles. Tous les organes des femmes ſemblent faits pour la ſenſibilité; leurs nerfs plus délicats, leurs ſens plus parfaits, plus fins, leur foibleſſe même ſi favorable au plaiſir, leur ame, leur ame de feu, le repos, la ſolitude dans laquelle elles vivent; tout ſemble prouver qu'elles sont nées pour la volupté, que le tendre plaisir est leur unique élément ; & je les vois au contraire sans cesse dévorées de peines, de maladies inconnues à l'homme robuste, & moins sensible. Femmes ! être charmant, mais terrible ! de quel feu dévorant tu m'embrases ! Que ta vue, ton accent, ont d'empire sur mon cœur ! je brûle à ton image, & le délire de mes sens me prouve, que le bonheur est dans tes bras, ou à tes pieds. Faut-il que fait pour notre félicité, le sort ait été si injuste à ton égard ?

Placé par la Nature, & les loix à la tête de sa famille, un pere doit veiller au sort de sa femme, de ses enfants, de tous les siens ; c'est sur lui que roulent tous les travaux, tous les embarras, à peine a-t-il un moment de relâche : eh ! maintenant même qu'il en est moins capable, ses soins vont encore augmenter. Ah ! s'il perdoit à présent sa tendre compagne, si, pendant que tout l'inquiette au-dehors, j'allois, comme la Nature, le priver de l'appui de la consolation de ses vieux jours....... Concevez-vous le desert effroyable où se trouveroit le débile sexagenaire, tout-à-coup séparé d'une épouse si nécessaire à son repos, à son ame? Quel spectacle de le voir, de ses mains pâles, usées, secourir, soigner un cadavre, qu'il va bientôt lui-même suivre dans le tombeau; de le voir courbé, tout en pleurs, pencher sa tête vacillante, & recueillir avec consternation le dernier soupir d'une épouse adorée! Quel revers! que de larmes s'entassent dans le cœur de cet infortuné, sans épanchement, sans consolateur! comme elles s'aigrissent! il n'a plus qu'un instant à vivre, & cet instant est effroyable. Après soixante ans de vertus, de travaux, il ne demandoit qu'une main chere & sensible pour lui fermer les yeux, & lui rendre moins affreux, par ses consolations, le moment formidable. La moitié de son auguste vie, fut employée à la connoître, à la mériter.

C'eſt trop long-tems ſouffrir un pareil ſpectacle. Il eſt des malheurs ſi grands dans la vie, que la peinture même en eſt un ſupplice. Cachons-les donc, & loin d'augmenter encore tant de malheurs par des pinceaux trop vrais, jouiſſons avec tranquillité de l'amitié de ces deux époux encore unis. Raſſurez-vous, couple fidelle, raſſurez-vous? Trente ans d'une vie integre paſſés enſemble, demandent grace & l'obtiendront. La mort ne vous ſéparera pas.

Tous les ſentimens qui demandent peu d'activité & d'énergie, ſont le partage de la vieilleſſe. Trop ſtérile, trop foible pour le brûlant des paſſions, elle n'a plus que des goûts, des habitudes. L'amitié, l'amitié même n'eſt plus rien alors, on n'aime plus que ſoi. Ce n'eſt tout au plus qu'une diverſion, une jouiſſance, que l'on cherche: l'on veut ſe prouver, que l'on eſt encore en état d'aimer;

mais incapable de grands efforts & d'illusion sublime, l'ame flétrie, glacée, ne ressent plus ce noble enthousiasme, qui vous met si souvent à la place de votre ami, vous fait préférer son bonheur au vôtre. C'est un empire, une victime, un joujou, si je puis m'exprimer ainsi. La solitude, le vuide du cœur effraie, on se défend, tant que l'on peut, contre cette premiere mort, la mort la plus cruelle, & l'on cherche un ami: c'est-à-dire un complaisant souple à nos goûts, à nos caprices, à nos foiblesses, qui nous arrache à l'ennui, nous offre le plaisir de dominer, plaisir si grand à cet âge, & nous fasse retrouver encore, en nous écoutant, les plaisirs du premier âge Les vieillards cherchent un ami, comme les grands, un homme de lettres, par vanité, par ennui. Ils sentent peu le prix de ce qu'ils desirent tous deux; & je leur pardonne, ils ne sont pas faits pour le connoître.

Que dis-je, téméraire? ah! craignons d'insulter aux foiblesses du vieillard; elles sont de l'âge, de la nature; à notre tour nous en serons avilis. A mesure que le sang perd de son activité, le cœur se durcit, l'imagination s'éteint, on se retire en soi-même, & l'on devient l'unique centre de toutes ses affections. Aussi l'égoïsme n'est-il le vice que des petites ames, des esprits froids. Mais qu'il est excusable au déclin de la vie! Pardonnons au sexagénaire de s'aimer, quand tout lui échappe.

La vieillesse ne veut dans l'amitié qu'une domination, dont elle puisse jouir à toute heure, & sans résistance. Aussi la voyons-nous chérir les enfants jusqu'à la fureur. Jugez quelle douleur doit éprouver un pere, nourri pendant vingt ans au plaisir de commander, & qui perd les siens, au moment heureux qu'il commençoit à s'en faire de véritables, d'utiles amis, à joindre les délices de l'empire à ceux de la confiance. Ce malheur eſt un de ceux qui ne peuvent ſe réparer, dont rien ne dédommage, & que le tems ne fait qu'aggraver de plus en plus. Quel vuide cette perte laiſſe dans ſon cœur ! quel abandon ! ſes fils s'éloignent, il les embraſſe en ſanglottant, les preſſe avec effroi dans ſes bras, les accompagne de ſes cris, & s'étonne de ne plus trouver de larmes, pour une perte funeſte & qui l'accable. Muet, immobile de douleur, ſes bras reſtent tendus vers eux, il les appelle, & ſon imagination fait quelque effort pour les ſuivre, les raprocher ; froide, éteinte, elle expire ſur la longueur de la route, & n'en rapporte qu'un lugubre ſouvenir, qui le déſeſpere. Que ces peines ſont poignantes, & qu'à cet égard, nous ſommes mille fois plus à plaindre, que toute la création.

Econome de leurs ſouffrances, la Nature ne fait durer dans les animaux la tendreſſe paternelle, qu'autant qu'elle eſt néceſſaire aux enfants ; elle en ôte ces ſoucis, qui ſuivent l'éducation du corps, & les rend alors indifférents l'un à l'autre ; le pere n'eſt plus que le ſemblable & l'ami du fils. L'homme ſeul prolonge des liens ſi délicats, peres ſenſibles, c'eſt vous que j'en atteſte! & ſouvent ſi cruels. Qui porte auſſi loin les peines, les inquiétudes de la paternité? Non-ſeulement il lui faut, par des fatigues inouies, ſoigner & ſoutenir un phyſique, qui ſe développe lentement; mais il va juſque dans l'avenir chercher des ſujets de craintes & d'allarmes, pour des enfants que l'heureux animal abandonne avec ſécurité à la main toute puiſſante, qui pourvoit à ſa propre ſubſiſtance.

Mais que ces peines ſont foibles encore, près des déchirements d'une conſcience criminelle! Qui peut égaler le ſupplice d'un pere indolent, & coupable des vices de ſes enfants ; d'un pere qui les entend maudire l'inſtant de leur naiſſance, & ſe plaindre en pleurant d'être tombés dans ſes

ſes mains, qui les entend le charger devant le Juge ſuprême de leurs malheurs? Que répondra-t-il, que ne démentent à chaque inſtant leurs larmes & leur déſeſpoir? En vain par des châtiments tardifs & forcenés, triſtes effets même de ſa ſeule vengeance, il voudroit les punir......... Barbare, arrête! leurs vices ſont ton ouvrage, tu les as perdus, & tu voudrois..... téméraire, n'ayant d'autre droit à la paternité, que le vil beſoin des ſens, tu n'as pas frémi de t'en charger! le Ciel eſt juſte, tremble! Ces infortunés en d'autres mains peut-être euſſent été bons, vertueux, utiles à leur patrie. Equitable poſtérité, ſi mes foibles écrits vont juſqu'à toi, quelle preuve terrible je t'en offre! Repouſſé du ſein paternel, j'ai vu dès ſon aurore, pâlir le flambeau de ma vie. Depuis, errant, ſans appui, ſans conſolateur dans la miſere, en vain j'implorois la main de la pitié, de la nature; un pere aveugle repoussoit mes plus tendres supplications; & moi dans cet affreux abandon, égaré, souffrant, furieux de penchants criminels, j'ai long-tems douté de ma vertu. J'ai vu même l'instant, l'instant horrible, où la mort alloit être mon unique & triste ressource. Amis, qui si souvent avez recueillis mes larmes, vous savez quelle a été mon éducation, combien j'ai souffert...... Ah ! qui cependant étoit plus fait pour trouver le bonheur ? Une heureuse constitution, peu de souci, point d'ambition, tout sembloit me le promettre. Avec une ame sensible, brûlante, j'ignorois ces fougeuses passions qui tyrannisent; l'amitié, le tendre amour furent les seules que j'aie ressenti avec transport; & maintenant même, qu'usé par les souffrances, flétri par l'amertume, mon cœur ne brûle plus, & que les délices d'une douce société font l'unique objet de tous mes vœux; maintenant même, je ne puis être heureux. O Homere ! ô Platon ! ô

Rousseau! génies, divins, délices de ma vie, ma seule consolation ; que n'ai-je plutôt possédé vos consolans, vos sublimes écrits, j'eus du moins connu quelquefois le bonheur. Ah! si j'étois tombé dans des mains capables de soutenir, de guider le feu qui me dévoroit, j'eusse atteint peut-être à vos lauriers, votre aimable indulgence m'eût souri, & la postérité m'eût alors placé après vos noms fameux.

Mais loin d'entrer dans l'amas inoui des malheurs de chaque état, j'en effleure seulement ce qui est commun à tous les hommes. Je laisse les souffrances particulieres que le sort y mêle presque toujours, & je crains d'avoir découvert encore trop d'horreur. Ah! si j'avois suivi sa marche! pour effrayer, je n'avois qu'à peindre ce qu'on voit chaque jour, faire une liste effrayante des victimes que le malheur prend à tâche d'accabler, & rassembler les différentes situations où se sont trouvés tant d'infortunés. De pareils tableaux eussent fait frémir. On diroit qu'un esprit malin entasse sur la même tête tous les maux qu'offre la société. L'imagination des romanciers, qui se tourmentent pour trouver des situations effrayantes, n'égale pas les coups du sort. Il a des tortures qu'on n'oseroit, qu'on ne pourroit inventer. Les volcans, la peste, les incendies, la famine, les orages, les efforts de tous les élémens conjurés; tous ces fléaux réunis contre l'homme, ne sont rien : il est des coups plus sensibles, plus internes, plus déchirants, & qui semblent au-dessus de toute force humaine. Que d'apprêts, d'efforts, de mouvemens, pour tourmenter une aussi foible créature que l'homme! C'est épuiser toute sa force sur une feuille qu'emporte le vent. Jouet des moindres circonstances, la moindre chose nous renverse, nous brise, & détruit notre bonheur.

Les voilà donc écoulés ces rapides

jours, qui précédent la vieillesse, ces jours qui ne reviennent jamais; ils sont écoulés! & l'âge des jouissances n'est plus, le plaisir fuit, la santé s'altere, la mort approche; & l'espoir même, le consolant espoir n'est plus permis! il ne reste plus qu'à souffrir! que le soir de la vie est sombre, lugubre, douloureux! que ces jours inutiles au bonheur sont pénibles! C'est finir bien cruellement une carriere de souffrances. Sans doute une mort prompte eut été un bienfait; c'étoit adoucir l'horreur d'un tel moment, c'étoit presque se le faire pardonner! mais suspendre long-tems sur sa fosse le vieillard, l'en effrayer, l'y conduire par un dépérissement long, sensible, cruel, journalier, & le tourmenter bien avant dans le tombeau, quelle rigueur, quel sort! quelle épreuve!

Le premier supplice de la vieillesse, est moins d'être privé des plaisirs, que d'être contraint de les quitter; son orgeuil en murmure. Elle pleure l'humiliante retraite qu'exige ſon impuiſſance, l'aveu terrible de ſa foibleſſe, & flétrie, preſque morte, elle voudroit qu'on la crût encore jeune & vigoureuſe. Mais elle a beau ſe maſquer, ſe déguiſer, tout la trahit; & la force enfin à s'arracher d'un théatre trop mouvant pour elle. C'eſt alors qu'elle s'abandonne à des larmes, des terreurs, dont rien ne la diſtrait, & que chaque jour augmente. Elle voit ſans ceſſe la mort, elle entend la cloche funebre, elle ſe ſent tomber dans ces foſſes ſilencieuſes, dernier aſyle de l'homme; & dans la tranſe cruelle d'un ſcélérat condamné, elle friſſonne, elle gémit du vol de chaque heure, qui l'approche indubitablement de ſa fin. Dans ces angoiſſes continues, incapable de plaiſir, accablé de douleurs, rebut de l'univers entier, délaiſſé de ſes connoiſſances, à charge à ſes amis, ſeul au monde, le vieillard boit les dégoûts de l'agonie longtems avant la mort: dans l'amertume de ſon cœur, il ſent, il voit, que ſa vie eſt trop longue, qu'il ennuie, & qu'il faut partir. On le mépriſe, on le fuit, & nul ne s'offre à ſoulager, à charmer la langueur de ſes vieux jours. On craint ſa préſence, elle attriſte, elle gêne, chacun l'écarte ſous prétexte de ſa ſanté. A peine prend-on la cruelle précaution de cacher ſes dégoûts; & le malheureux ſe retire, déſeſpéré de n'être plus qu'un objet d'horreur, pour ceux même ſouvent dont il éleva l'enfance. Mortels ingrats! vous inſultez à la décrépitude d'une créature qui fut jeune comme vous! barbares, vous l'accablez de vos mépris, de votre pitié, pitié plus cruelle même que vos dédains; & vous ne ſongez pas, que bientôt peut-être vous ſerez plus à plaindre encore! Monſtre, tu viens avec reſpect, admirer, adorer ces monumens fameux d'une longue antiquité! courbé ſur les débris d'un temple, d'une colonne, tu ſens tes larmes couler! & ſur les reſtes intéreſſans de l'humanité, ton œil eſt ſec & froid ! il inſulte ! c'eſt une bien horrible barbarie que d'humilier un malheureux : mais ſans doute, ſe moquer, avoir horreur d'un ſort commun à tous, quelle démence !

Le changement apporte quelquefois du mieux dans nos maux ; le tems au moins les calme ; une fois à cet âge rien ne les adoucit, tout les aggrave au contraire, & le jour qui ſuit, eſt toujours pire que le précédent. De plus en plus la machine s'affoiblit, les organes s'embarraſſent, les membres s'alterent, on ſe ſent diſſoudre ; & ces moyens ſi flatteurs, ſi doux autrefois, de réparer ſes forces, de les augmenter même, ne font plus que fatiguer & faire ſouffrir. Le plaiſir de la table eſt mortel alors ; & le ſommeil lui-même n'eſt plus que le triſte avant-coureur du ſommeil éternel : on s'endort tremblant de ne plus ſe reveiller. Dans ces jours de douleurs & d'effroi, notre ſort eſt trop clair, l'eſpoir n'oſe plus mentir,

mentir, & la perte de ces délicieux mensonges, est le plus cruel des supplices. L'homme a beau tourner de tous côtés ses regards, & demander avec inquiétude quelques consolations ; rien ne le rassure, au contraire tout l'effraie & le déchire. Ce n'est que fêtes, que ris, que jeux, auxquels il ne peut prendre part ; tout se livre à la gaieté ; lui se meurt ; & personne ne songe, s'il a vecu, ou s'il vit encore. Quel abandon ! s'il s'interroge, c'est bien pis. Quoi, jamais je ne goûterai plus la joie ! je ne trouverai jamais assez de force, pour savourer la volupté ! pour jouir seulement d'une bonne santé ! aucun des plaisirs, qui m'ont flatté, ne rentreront dans mon cœur ! Ces parcs, ces châteaux, ces lits voluptueux, ces lits favorables, & discrets autels de l'amour ! ces lits que je parois avec tant d'ivresse, & que j'ornai de ce qui peut flatter tous les sens, ne me serviront plus qu'à rendre les derniers soupirs, qu'à porter mon cadavre ! je n'ai plus rien ! tout m'échappe ! je me meurs ! & pour toujours ! ô vain rêve de la vie, voilà quel est ton reveil !

Comme on voit la tendre colombe, dans les beaux jours de l'hiver, entre-ouvrir timidement ses ailes aux rayons d'un soleil mourant ; & de son bec de rose parcourir & lustrer chaque plume, s'ébattre même en tremblant : quelquefois le débile vieillard vient encore jouir sur le bord de sa tombe du spectacle de l'univers. Il s'assied, regarde autour de lui, & sourit à l'aspect de la lumiere ; ses yeux la retrouvent avec transport, son cœur en tressaille, il semble la voir pour la premiere fois ; il va la perdre au contraire! Faut-il que des causes si différentes produisent le même effet! C'est encore un nouveau supplice, d'embellir les objets que nous perdons ! Entouré de ses aimables enfants, le pere s'anime de leur joie, fier de se voir revivre en eux, il les embrasse, il les caresse, il les excite à des jeux innocents, & redeſcend pour ainſi dire à leur âge. Quel attendriſſant ſpectacle de voir ce vieillard pâle, courbé, n'ayant plus qu'un ſouffle, jouer avec ſes folâtres enfants, leur ſourire, & s'intéreſſer encore à leur bonheur! Que ce mélange d'un vieux chêne, prêt à périr avec ſes jeunes plantes, eſt touchant! Quelle douce mélancolie il inſpire, comme il fait rêver! des larmes délicieuſes coulent ſans qu'on les ſente: on peut à peine recueillir toutes les ſenſations qui naiſſent à cette vue. Ebloui quelquefois cependant par ſes deſirs, par la vue d'un bonheur qu'il a goûté, l'octogénaire veut encore s'élancer après le plaiſir, ſes mains s'étendent pour l'arrêter, elles s'agitent dans le vague des airs : elles retombent vuides & ſans force. A peine peut-il porter ſa coupe, y coller ſes levres flétries, & la vuider à pluſieurs repriſes; il tremble même qu'à chaque inſtant la mort ne la lui arrache. Petit-à-petit les jours deviennent si peu tranquilles, les douleurs si terribles, la foiblesse, l'anéantissement, s'augmentent à un tel point, que le reste n'est plus qu'une longue agonie. On ne jouit même pas de son existence. Homme superbe! Riches! Grands de la Cour! Princes! Conquérants! Vous, tous orgueilleux, bouffis d'arrogance, venez voir ce qu'est l'homme! Venez & rentrez en vous-même? Rois, potentats de la terre, monstres de vanité, êtres rares, qui vous croyez d'une autre nature, d'une espece plus parfaite! voyez ces dépouilles royales, ces restes de vos ancêtres! & ne méprisez plus le pauvre couvert d'haillons; bientôt vous dormirez ensemble, & jamais l'on n'a pu distinguer les os du Monarque de ceux des esclaves qui le servoient.

Mais qu'entends-je? des cris! des gémissemens! tout est en pleurs! entrons. A travers une sombre & lugubre clarté j'apperçois quelques spectateurs, le visage plombé, l'œil morne fixe les mains jointes, le corps immobile! Près d'eux eſt un lit, les rideaux ſont entre-ouverts........ Dieu!....... C'eſt un agoniſſant, pâle, ſans haleine, couvert d'une froide ſueur! un Miniſtre de la religion à ſes pieds! homme conſacré aux malheureux! tendre conſolateur des infortunés! que tes diſcours ſont conſolants, ſont utiles à l'heure derniere! Mon frere, dit-il, un Dieu juſte & bon nous a crées; il connoît notre foibleſſe, ſans doute il a pitié de nos fautes, nous ſommes ſes enfants. Ne craignez donc plus de vous endormir dans ſon ſein; raſſurez-vous ſur les terreurs du voyage, l'entrée en eſt pénible ſans doute; mais que le but eſt flatteur! Fiez-vous..... Mais déjà ces douces paroles n'arrivent plus à ſon oreille; il s'affaiſſe! en vain on eſſuye la pâle ſueur qui le baigne, on ſoutient ſa tête décolorée, on humecte ſes paupieres qui ſe durciſſent; tout eſt vain, le froid de la mort gagne, tous les membres se retirent, il sent défaillir son cœur, il frissonne, & ce mouvement est le dernier de sa vie! il n'est plus! il meurt, non avec effroi, non en se débattant; les terreurs, les convulsions, le désespoir, tous ces signes effrayants d'une conscience bourrelée & de la rage, sont faits pour le crime: sa fin est aussi calme que sa vie fût innocente! & l'on voit encore regner sur son visage la douce sérénité d'un sommeil paisible!

Les vers rongent enfin ce cadavre, & tout semble encore prendre plaisir, à l'insulter par la pourriture, à le dégrader; mais avare du pouvoir de former seule un malheureux, les vents dispersent avec soin les matériaux, dont fut formée cette superbe architecture; le sort les cache, les rend méconnoissable; & pour mieux le braver encore, en nourrit sans cesse l'homme vivant! Que pouvoit-on de plus? L'odeur pernicieuse & l'intérêt de l'humanité, forcent enfin de cacher les restes hideux de nos semblables. Eh ! le tendre fils se voit arracher ces précieuses dépouilles ! on les enleve, & le malheureux forcé de les quitter, de les perdre, est réduit à venir pleurer seulement sur la pierre jalouse, qui l'empêche d'embrasser encore ces chers ossements.

O mes amis ! la chûte de la fosse est effroyable ! quand la terre, dont on vous couvre, commence à vous dérober aux yeux, & qu'on se dit, je ne reverrai plus maintenant ce compagnon de mes plaisirs, cet homme avec qui j'ai folâtré si souvent, & qui se portoit bien hier encore ! je ne le reverrai plus ! .... La tête tourne, & l'on reste sans mouvement. C'est de ces scenes qu'on revient, vraiment pénétré, pensif, & plein de la certitude que tout est néant. C'est là que l'ame s'attendrit sur le malheur de notre condition, qu'elle dépose son orgueil, & promet aux infortunés une main tendre & secourable. Eh! qu'en revenant, ces frivoles théatres où l'on représente les infortunes de l'humanité, semblent une parodie insultante des miseres de la vie. Qu'on regrette alors les pleurs inutiles versés sur ces fanatiques tableaux, tandis que la terre en offroit de toutes parts tant de justes causes. Sans doute nous avons en nous-mêmes de quoi faire notre bonheur, ou notre malheur; souvent nous versons des larmes pour des maux imaginaires; & j'ai peut-être chargé le tableau, en ramassant les coups qui ne frappent que bien rarement la même tête: mais je voulois vous détacher de la terre, vous rendre la mort moins hideuse. A Dieu ne plaise que j'aie voulu calomnier la main bienfaisante, dont nous éprouvons à toute heure tant de bienfaits. Au reste, ne faisons donc pas comme ses insensés Egyptiens, qui faisoient venir des cadavres dans la salle même des feſtins, pour s'exciter, par cette vue, à s'enivrer de tous les plaiſirs. Croyons, eſpérons, que l'homme eſt fait pour une fin plus noble, & que le vertueux, puiſqu'il en coûte tant à l'être, jouira d'un autre ſort, que ces vils ſcélérats tout ſouillés de crimes; & la honte du genre humain.

FIN.

www.ingramcontent.com/pod-product-compliance
Ingram Content Group UK Ltd.
Pitfield, Milton Keynes, MK11 3LW, UK
UKHW012034240726
13965UKWH00002B/788